AF564736

# माचिस

[पटकथा]

# माचिस

मंज़रनामा

गुलज़ार

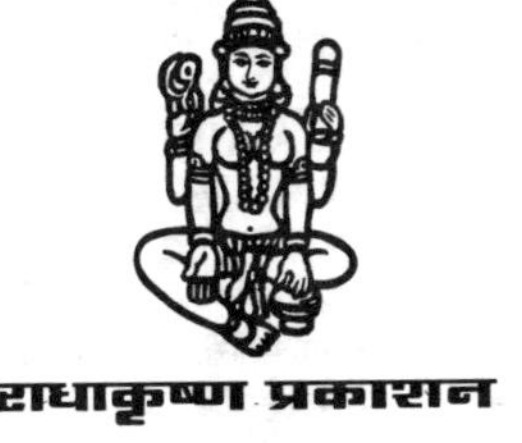

राधाकृष्ण प्रकाशन

ISBN : 978-81-8361-552-5

**माचिस**
© गुलज़ार

**पहला संस्करण :** 2012
**दूसरा संस्करण :** 2023

**मूल्य :** ₹395

**प्रकाशक**
राधाकृष्ण प्रकाशन प्राइवेट लिमिटेड
जी-17, जगतपुरी, दिल्ली-110 051
**शाखाएँ :** अशोक राजपथ, साइंस कॉलेज के सामने, पटना-800 006
पहली मंजिल, दरबारी बिल्डिंग, महात्मा गांधी मार्ग, प्रयागराज-211 001
1, अनमोल सोराबजी संतुक लेन, धोबी तलाव, मरीन लाइंस, मुम्बई-400 002
वेबसाइट : www.radhakrishnaprakashan.com
ई-मेल : info@radhakrishnaprakashan.com

**मुद्रक**
विकास कंप्यूटर एंड प्रिंटर्स
ट्रॉनिका सिटी-201102

MACHIS
by Gulzar

# दीबाचा

जो नज़र आता है, उसे मंज़र कहते हैं और मनाज़िर में कही गई कहानी का नाम मंज़रनामा है। अंग्रेज़ी में इसके लिए दो अल्फ़ाज इस्तेमाल होते हैं। एक स्क्रीनप्ले है, दूसरा सिनेरिओ (Scenerio)। दोनों तक़रीबन एक-से हैं लेकिन स्क्रीनप्ले में 'डिज़ॉल्व' और 'कट' और दूसरी तकनीकी हिदायतें भी लिख दी जाती हैं, जो डायरेक्टर की मदद करती हैं। इसमें 'सेट' यानी 'महल वक़ू' और मंज़र का वक़्त भी दर्ज किया जाता है। (यानी मंज़रनामा सुबह, शाम, रात या दोपहर, किस वक़्त का है) ये तफ़सीलात डायरेक्टर के लिए तभी ज़रूरी होती हैं, जब वह स्क्रीनप्ले को फ़िल्माता है। वरना ये तकनीकी हिदायत पढ़ने में रुकावट पैदा करती हैं। इसलिए आम कारी के पढ़ने के लिए सिनेरिओ ही ज्यादा मौज़ूँ है, ताकि वह उसे एक नॉवल की सूरत बिना किसी रुकावट के पढ़ सके। इसी का नाम मंज़रनामा है।

अदब में मंज़रनामा एक मुकम्मिल फ़ॉर्म भी है। जिसकी पहली मिसाल जो मेरी नज़र में गुज़री, वह डी. सैका का मंज़रनामा 'अमरीका अमरीका' था। इस डायरेक्टर ने वह मंज़रनामा पहले लिखा, शाया किया और बाद में इस पर फ़िल्म बनाई। अदब में बहुत से मुसन्निफ़ हैं जो अपने नॉवल भी तक़रीबन मंज़रनामे की शक्ल में लिखते हैं। शरत्चन्द्र के बेशतर नॉवल इस फ़ॉर्म के बहुत क़रीब हैं।

ये मंज़रनामे पेश करने का एक मक़सद कारी को इस फ़ॉर्म से मुतारिफ़ करना भी है और दूसरे यह कि टी.वी. और सिनेमा से दिलचस्पी रखनेवाले शायक़ीन यह देख सकें कि नॉवल को किस तरह मंज़रनामे की शक्ल दी जाती है। मेरे लिए ये एतराफ़ करना ज़रूरी है कि मैं मंज़रकशी पर किसी महारत का दावेदार नहीं—कोई

दूसरा डायरेक्टर या मुसन्निफ़, हो सकता है मुझ से बेहतर मंज़रनामा तख़लीक कर ले।

मंज़रनामा का अन्दाज़े-बयान अमूमन ओरिजनल कहानी से अलग हो जाता है इसलिए वह अस्ल कहानी या नॉवल या सवानेह उमरी का Interpretation बन जाता है, जिसकी मिसाल चन्द मशहूर फिल्मों से दी जा सकती है जैसे 'अनारकली' और 'मुग़लेआज़म' एक ही ड्रामे को माखूज़ किए गए हैं। 'देवदास' जितनी बार बनी, और कई ज़बानों में बनी, उसका मंज़रनामा बदलता रहा। टी.वी. की आमद से मंज़रनामों की ज़रूरत में बहुत इज़ाफ़ा हो गया है। छोटे-छोटे अफ़सानों के मंज़रनामे भी लिखे जाने लगे हैं। अहमद नदीम कासमी, राजिन्दर सिंह बेदी, भीष्म साहनी, मुंशी प्रेमचन्द और दूसरे बेशुमार अदीबों के अफ़सानों पर काम हो रहा है। बहुत से सीरियल सीधे मंज़रनामों में लिखे जाते हैं। टी.वी. की फिल्मों के लिए चूँकि वक़्त की पाबन्दी (तवालत, Duration) का लिहाज़ रखना पड़ता है। इसलिए मंज़रनामों के लिए अक्सर अदब से लिए गए मशहूर अफ़सानों को कभी मुख़्तसर करना पड़ता है, कभी फैलाव देना पड़ता है।

मुझे उम्मीद है कि मेरी यह कोशिश दूसरों के लिए कारआमद साबित होगी और दूसरों के तजुर्बों से मुझे फ़ायदा होगा—कोई नई राह खुलेगी, कोई नई बात पैदा होगी।

# माचिस

'माचिस की तीलियाँ चिराग़ भी जलाती हैं, चितायें भी!'

कुछ ऐसे ही मिज़ाज से माचिस की कहानी शुरू हुई। पंजाब बहुत गर्म था। और उस का ताप सारे हिन्दुस्तान में महसूस हो रहा था। प्रोड्यूसर आर.वी. पंडित मज़हबन ईसाई हैं। गोवा के और दमन के इलाक़े से ताल्लुक़ रखते हैं। लेकिन पंजाब से बड़ा उन्स था। पंजाब की तपिश से परेशान थे। फ़िक्रमन्द थे। और मुसलसल अख़बारों में मज़मून और एडोटोरियल लिखते रहते थे। एक मुलाक़ात में मुझसे कहा : ''अख़बारों के सफ़े मेरी बात 'तोड़' तक पहुँचा नहीं सकते। मैं पंजाब की नौजवान पीढ़ी से बात करना चाहता हूँ। वो अपनी क़ीमती जानें न गँवायें! वो नये चिराग़ जला सकते हैं। वो चितायें न जलायें!'' कुछ रुके। फिर पूछा : ''मेरे लिये एक फ़िल्म बनाओगे!''

'माचिस' और 'न्यू देहली टाइम्स' दोनों एक ही दौर की कहानियाँ हैं। अस्सी की दहाई में वाक़्या हुईं। लेकिन दोनों ही किसी अंजाम तक नहीं पहुँची। वो अब भी जारी हैं...!

**—गुलज़ार**

# माचिस

## 1.

*जेल के अन्दर कुएँ से एक लाश निकाली जा रही थी, पास में ही जेल के ऑफ़ीसर वोहरा भी खड़े थे। कुछ सोच कर एस.पी. ने इंस्पेक्टर वोहरा से कहा।*

''एम्बूलेंस के लिये कहा तुमने?''

''जी हाँ! फ़ोन कर दिया था, आती होगी...!''

*लाश को निकाल कर कुएँ से बाहर चबूतरे पर रखा गया, वोहरा ने लाश को देख कर कहा।*

''सर, मैं एक बार फिर, एम्बूलेंस को फ़ोन कर के आता हूँ।''

''हूँ..!''

*एस.पी. लाश के क़रीब आया, बग़ौर देखा और कहा।*

''बरामदे में जा कर रखवा दो इसे, एम्बूलेंस अभी आती होगी।''

*एस.पी. और वोहरा जेल के गेट से एम्बूलेंस आने के बाद चले गये।*

## 2.

*एस.पी. और इंस्पेक्टर वोहरा दोनों चुपचाप जीप में सफ़र कर रहे थे। एस.पी ने ख़ामोशी तोड़ी।*

"एस.के., इस टैरेरिस्ट का ज़िन्दा रहना बहुत ज़रूरी था, मैंने तुम्हें कहा भी था।"

"जी हाँ सर, लेकिन उसका ज़िम्मेदार मैं नहीं हूँ सर। उसने ख़ुदकुशी की है। किसी ने मारा नहीं उसे।"

"एस.के., वो तुम्हारे चार्ज में था। देखो, जिस्म का दर्द एक हद से गुज़र जाये तो मौत आसान हो जाती है। मौत का ख़ौफ़ निकल जाता है दिमाग़ से। और मुजरिम को वो हद कभी नहीं पार करने दी जाती।"

"आई एम सॉरी सर!"

"ख़ुदकुशी किस वक़्त की उसने?"

"शाम के वक़्त, जब क़ैदी बाहर आते हैं।"

"पता कब चला...?"

"आठ बजे, जब सेल ख़ाली पाया गया।"

"सेल खुला था?"

*वोहरा ने जम्हाई लेते हुए कहा।*

"आई थिंक सो सर, सॉरी सर!"

"खुला कैसे रह गया?"

"इसकी पूरी इनक्वायेरी की जायेगी सर!"

"क्या ख़ाक इनक्वायेरी की जायेगी! छह महीने से ज़्यादा हो गये उसे तुम्हारे पास, और तुम अभी तक ये पता नहीं लगा पाये कि वो किस ग्रुप से जुड़ा था।"

## 3.

*खुला हुआ आसमान, बर्फ़ से ढकी हुई पहाड़ियाँ, चार दोस्त, नौजवान, ख़ुशहाल हंसते हुए मस्ती में, गाते हुए चले जा रहे थे।*

छोड़ आये हम वो गलियाँ
जहाँ तेरे पैरों के कँवल खिला करते थे
हँसे तो दो गालों में, भँवर पड़ा करते थे
छोड़ आये हम वो गलियाँ...

जहाँ, तेरी एड़ी से, धूप उड़ा करती थी
सुना है उस चौखट पे, अब शाम रहा करती है
लटों से उल्झी लिपटी इक रात हुआ करती थी
कभी कभी तकिये पे वो भी मिला करती थी
छोड़ आये हम वो गलियाँ...

दिल दर्द का टुकड़ा है, पत्थर की डली सी है
इक अंधा कुआँ है, या इक बंद गली है
इक छोटा सा लम्हा है, जो ख़त्म नहीं होता
मैं लाख जलाता हूँ, वो भस्म नहीं होता
छोड़ आये हम वो गलियाँ...

## 4.

(फ्लैश बैक)
पंजाब का एक गाँव...एक नौजवान अपनी बुलेट मोटर साईकल पर चला आ रहा था। गाँव की गलियों से होता हुआ एक घर के सामने जा पहुँचा और दरवाज़े का कुंडा खटखटाया।
घर के बड़े से आँगन में...एक सरदार लड़का हॉकी की सख़्त गेंद से हाँकी खेल रहा था। आँगन ही के एक कोने में उसकी बहन वीराँ तन्दूर गर्म कर रही थी।
दरवाज़े की दस्तक सुनकर, जसवंत ने अपनी बहन वीरां से कहा।

"वीरां दरवाज़ा खोल दे। कृपाल आया है।"

*वीरां ने भाई की तरफ़ देखा...और दरवाज़े की तरफ़ जाकर दरवाज़ा खोला, सामने कृपाल खड़ा था जो जसवंत का दोस्त था। कृपाल ने वीरां को देखकर धीरे से आँख मारी।*

"चूहड़े!..." वीरां ने बुड़बुड़ाया!

कृपाल ने अपना बैग आगे बढ़ाया।

"पकड़ नां...!" और फिर कहा।

"मुँह खोल।"

"क्या हुआ?"

*कृपाल ने वीरां के मुँह में चाकलेट ठूँस दी और घर के अन्दर दाख़िल हो गया। जसवंत ने हॉकी से गेंद उछाल दी।*

"पकड़ पाली...!"

"आये जस्सी..."

*कृपाल ने भी एक हॉकी उठा ली। जो पास ही में रखी थी।*

"आ...जा...आ..."

*कृपाल बोल पड़ा हॉकी लेते ही।*

"ओये जस्सी तेरी तो मैं बना दूंगा लस्सी।"

*आँगन में दोनों दोस्त हॉकी खेलने लगे। घर के अन्दर से निकलती हुई जसवंत की माँ को गेंद लगते बच गई।*

"क्या...क्या करते हो मुंडयो, ये कोई जगह है खेलने की...?"

*कृपाल ने आगे बढ़ कर प्रणाम किया।*

"पैरी पीना बीजी।"

*बूढ़ी माँ ने समझाया।*

"न खेला करो पत्थर की गेंद से। लग जायेगी कहीं।"

"बीजी दस साल के थे हम, जब से तू जसवंत को मना कर रही है।"

*जसवंत बोला।*

"तो...?"

"अभी तक तू माना नहीं।"

"तू कौन सा मान गया?"

"मैं अभी मान जाता हूँ, ये ले फड़ हॉकी और सीधा कर दे।"

*जसवंत चारपाई पर बैठा जूते कस्स रहा था।*

"ओये, ग़दारा..."

बीजी बोलीं।

"मारूंगी उसे और निशान पड़ेंगे तेरी पीठ पर। मैं क्या जानती नहीं तुम दोनों को।"

*माँ ये कह कर आँगन में आ गई, तन्दूर के पास और रोटी बनाने की तैयारी करने लगी। कृपाल बोला।*

"ओये लैला मजनू का इशक़ है हमारा बीजी, साथ जीयेंगे साथ मरेंगे।"

*वीरां ने टोका।*

"वो तो साथ साथ नहीं जिये थे और न मरे थे साथ साथ।"

"कोई नहीं, कोई और मिसाल ढूंढ़ लेते हैं, क्यूँ जस्सी...?"

माँ वीरां के बारे में कहने लगी।

"जसवंत! फगुन में वीरां को विदा कर दे।"

वीरां बोली।

“ले डांट उन्हें रही थी, अब मेरे पीछे पड़ गई।”

“ओये पाली बंध जाये तो, तेरा भाई भी नक़ल करे उसकी, हैं तो दोनों एक ही जैसे।”

*वीरां की शादी कृपाल से तय हो चुकी थी। कृपाल ने कहा।*

“बीजी ब्याह भी एक साथ करेंगे। तू लड़की तय कर दे इसके लिये, तो एक साथ, एक ही दिन लावां फेरे कर लेंगे।”

“अये ले, ये नहीं करेगा तो क्या वीरां बैठी रहेगी?”

जसवंत बोला।

“ओये तो क्या हुआ? अपने ही घर तो बैठी है। ब्याह के कहा जायेगी? यहीं तो रहेगी हैं... ।”

“ले तू क्या उसको घरजवाई बना के रखेगा।”

“ये रख ले मुझे, घरसाला बना कर!”

*इस दौरान वीरां उठ कर सीढ़ियों के पास आ खड़ी हुई, और पिछवाड़े के खेतों के पार कुछ देख रही थी। जसवंत ने अंग्रेज़ी में पूछा।*

“वाट हैपेंड वीरां! (what happened Veera) ।”

“पाहजी!” वीरां ने आँगन के पार खेतों की तरफ़ इशारा किया। जस्सी ने पूछा।

“वाट हैपेंड?”

“लुक अट डेड साईड।”

*जसवंत ने भी खड़े होकर देखा। दूर एक पुलिस जीप और कुछ सिपाही खड़े थे। उसी वक़्त उनके दरवाज़े पर दस्तक हुई। सादा कपड़ों में एक पुलिस ऑफ़ीसर घर में दाख़िल हुआ, उसके पीछे पुलिस की वर्दी में एक पुलिस इंस्पेक्टर वोहरा, और कुछ हवलदार! कृपाल आगे बढ़ा।*

"ओह यस? वाट इस इट, अन्दर क्यूँ आ रहे हैं आप? वाट्स दी प्रॉबलम?"

*इंस्पेक्टर वोहरा ने जवाब दिया।*

"बताते हैं, बताते हैं। तुम सर के साथ जाओ।"

*उसने एक हवलदार को हिदायत दी।*

*कृपाल ने पुलिस वालों को रोकने की कोशिश की। लेकिन सारे पुलिस वाले हथियारों के साथ घर में आ गये थे। जसवंत बीच आँगन में खड़ा था।*

"क्या बात है भाई? क्या बात है? यहाँ क्यूँ आये हैं आप लोग? हुआ क्या है?"

*वोहरा ने एक हवलदार को ऑर्डर दिया।*

"तुम पीछे की तरफ़ जाओ।"

*कृपाल ने फिर पूछा। वोहरा ने जवाब दिया।*

"साहब क्या चाहिये क्या आपको? क्या चाहिये? वाट्स दी प्रॉबलम..."

"डोन्ट वरी। यू विल नो वाट।"

*घर के सभी लोग घबरा गये थे इस तरह पुलिस वाले क्यूँ घर में घुस आये। सादा लिबास में पुलिस ऑफ़ीसर ने अपना आई. डी. कार्ड दिखाया। जसवंत ने पढ़ कर पूछा।*

"क्या बात है ख़ुराना साहब?"

"तुम्हारा नाम जे. एस. रंधावा है?"

"हाँ जी! जसवंत सिंह रंधावा।"

"मुझे तुम्हारे घर की तलाशी लेनी है।"

"वो क्यूँ?"

"सुना है तुमने अपने घर में किसी टैरेरिस्ट को पनाह दे रखी है।"

*कृपाल सामने आया और उसने पूछा।*

"टैरेरिस्ट? कौन से टैरेरिस्ट की बात कर रहे हैं आप?"

"तुम्हारा क्या नाम है?"

"कृपाल सिंह।"

"कृपाल, इनके क्या लगते हो?"

*कृपाल की जगह जसवंत ने जवाब दिया।*

"जी ये मेरे बहन के मंगेतर हैं।"

*इंस्पेक्टर वोहरा, वीरां से बात कर रहा था।*

"कितने लोग हैं घर में? मेरा मतलब कितने लोग हैं परिवार में? यहीं सब लोग जो बाहर हैं या कोई अन्दर भी है? नौकर चाकर तो होंगे। कोई मेहमान भी है, आज कल घर में?"

*वीरां चुप रही, तभी कृपाल पास आया और इंस्पेक्टर को कंधे से घुमा कर अपनी तरफ़ किया।*

"उधर क्या पूछ रहा है, वोहरा? मुझ से बात कर, वीरां तू अन्दर जा, बीजी को भी ले जा।"

*वोहरा ने ऊपर से नीचे तक कृपाल का जायज़ा लिया। वीरां माँ को लेकर अन्दर कमरे में चली गई। ख़ुराना जसवंत से बात कर रहा था।*

"दिल्ली से भागा है, केदार नाथ एम.पी. का ख़ून कर के।"

"क्या नाम बताया?"

"जिम्मी!"

"जिम्मी?"

"हूँ...जिम्मी! है या भगा दिया?"

"है! आइये मिला देते हूँ।"

"चलो..."

“आइये।”

*सभी लोग जसवंत के साथ घरके बाहर गये। जाते जाते पुलिस इंस्पेक्टर पुलिस वालों को कहता गया।*

“सावधान रहना।”

“यस सर!”

## 5.

*जसवंत पुलिस वालों को पीछे, खेतों की तरफ़ ले गया और जिम्मी को बुलाने लगा।*

“ओये जिम्मी! जिम्मी, जिम्मी जिम्मी कम! कम जिम्मी!”

*तभी दूर से, भागता हुआ बड़ा सा एक ऐलसीशन कुत्ता आया, जो जसवंत का पाला हुआ था। जिस का नाम जिम्मी था।*

“ये है जिम्मी!”

*कुत्ता जसवंत से लिपटने लगा।*

“ओये ये किसी एम.पी...वेम.पी. को नहीं पहचानता! बहुत कहा इससे इलेक्शन में खड़ा हो जा पर माना ही नहीं।”

*पुलिस ऑफ़ीसर एक दूसरे को देखने लगे, कैसा मज़ाक़ था ये। दोनों खिसियाने से रह गये। हवलदार मस्ख़री कर रहे थे।*

“लो राम सिंह। खोदा पहाड़ और निकला कुत्ता।”

ख़ुराना ने डांटा।

“शट अप।”

“सॉरी सर!”

*जसवंत बोला।*

"अगली बार इसे आप अपनी पार्टी का टिकिट दे देना इलेक्शन में।"

*पुलिस ऑफ़ीसर ने निहायत ग़ुस्से से देखा जसवंत की तरफ़ की तरफ़ और वहाँ से चल दिया। वोहरा ने कहा।*

"चल...ओये चल आजा।"

## 6.

*सभी गली से होते हुए घर की तरफ़ रवाना हुए।*

*जसवंत अभी तक मज़ाक कर रहा था।*

"लो जी, जिम्मी के साथ इन्ट्रोडक्शन तो हो गया नां।"

ख़ुराना ने कन्धे पर हाथ रखा।

"चल ज़रा चौकी तक चल मेरे साथ!"

"वो क्यूँ?"

"सवाल नहीं करते। गाड़ी में बैठ जा। बिठा लो इसको।"

*कृपाल फ़ौरन बीच में आ गया।*

"ओये ठहर ठहर ये क्यूँ जायेगा पुलिस चौकी भाई।"

*वोहरा ने नर्मी से कहा।*

"कुछ नहीं। आ जायेगा आधे घंटे में।"

ख़ुराना ने तेवर दिखाये।

"दो चार सवाल कर के छोड़ देंगे। नहीं तो तुम लोगों के घर की तलाशी लेनी पड़ेगी। वो तुम को महँगी पड़ सकती है। चलो..."

"चल मैं भी चलता हूँ तेरे साथ।"

*वोहरा ने उसे पीछे धकेला।*

"ओये कहा न आ जायेगा। गले क्यूँ पड़ रहा है?"
"ओये..."

*जसवंत ने बात बिगड़ते देख कर कहा।*

"पाली, पाली रहंड़ दे। तू बीजी वीरां का ख़्याल रख। मैं आता हूँ थोड़ी देर में।"
"लेकिन यार।"
"चल बैठ जा अन्दर, सर आप चलिये..." वोहरा ने ख़ुराना से कहा।
"है जस्सी...डोंट वरी...आई एम वेटिंग!"

*पुलिस वाले जसवंत को जीप में बिठा कर ले गये। दरवाज़े पर खड़ी वीरां देखती रही।*

"क्या हुआ?"
"कुछ नहीं।"
"क्यूँ ले गये पाहजी को?"
"तू अन्दर चल। मैं तुझे बताता हूँ। आजा, आजा।"
"पर क्या किया पाहजी ने, जो ले गये उनको?"
"कुछ नहीं किया। तू अन्दर चल ना मैं बताता हूँ। आजा प्लीज़ आजा।"

## 7.

*घर के आँगन में सन्नाटा था। वीरां बरामदे में बैठी थी। पास ही कृपाल हॉकी से पत्थरों के साथ खेल रहा था। ख़ामोशी को तोड़ते हुए वीरां ने पूछा।*

"आधा घंटा कहा था, तीन घंटे हो गये।"

*ये सुन कर कृपाल ने एक आह भरी। हाथ की हॉकी फेंकी। बाहर आकर मोटर साईकल स्टार्ट की और चल दिया।*

## 8.

*कृपाल पुलिस स्टेशन पहुँचा, और अन्दर जा ही रहा था, कि हवलदार ने पूछ लिया।*

''क्या बात है भाई किस से मिलना है?''

''इंस्पेक्टर से।''

''कौन है?'' अन्दर से इंस्पेक्टर की आवाज़ आई।

''अन्दर आने दो।''

''जाओ।''

''हाँ भाई क्या है?''

''मैं बेवाड़ी से आया हूँ साहब, हमारे भाई को पुलिस उठा कर ले गई थी। कहा था आधे घंटे में छोड़ देंगे, तीन घंटे हो गये, अभी तक कोई ख़बर नहीं आई।''

''क्या किया था उसने...?''

''कुछ नहीं साहब पुलिस किसी टैररिस्ट को ढूँढ़ रही थी जिम्मी नाम के, ढूँढ़ते हुए हमारे घर आई।''

''तुम्हारे घर में छुपा था?''

''अरे हम तो जानते तक नहीं किसी जिम्मी को।''

''तो फिर जिम्मी कौन है?''

''हमारे कुत्ते का नाम है।''

*तभी एक हवलदार कुछ खाने का सामान लेकर आया और कहा।*

''सर जी और कुछ तो नहीं मिला। थोड़ा सा महाप्रसाद भुनवा के लाया हूँ।''

''हूँ...ठीक है। अन्दर रख दे।''

*फिर कृपाल की तरफ़ मुड़ के बोला।*

*''हाँ तो क्या नाम बताया तुमने अपने कुत्ते का? जिम्मी! तो पुलिस क्यूँ ढूंढ़ रही है तुम्हारे कुत्ते को...?''*

"देखिये साहब वो दो थे, एक इंस्पेक्टर ख़ुराना, एक इंस्पेक्टर वोहरा, यहाँ हैं कि नहीं।"

"भाई इस नाम का तो कोई इंस्पेक्टर नहीं है यहाँ। सदर थाने से आये होंगे।"

*ये सुन कर कृपाल वहाँ से चला गया। इंस्पेक्टर ने पीछे से पुकारा।*

"ओये सुन, कोई रीपोर्ट तो नहीं लिखानी तेरे को?"

## 9.

*कृपाल सदर थाने पे आया, इंस्पेक्टर से बात की। इंस्पेक्टर सोचने लगा।*

"डी.पी. ख़ुराना!...हूँ विजिलेंस में हैं शायद। सीनियर आदमी है भाई या तो चंडीगढ़ गये होंगे या तो दिल्ली।"

"लेकिन वो तो कह रहा था ख़ुराना आधे घंटे में छोड़ देंगे।"

"ऐसे कैसे छोड़ देंगे मिस्टर? एक एम.पी. का ख़ून हुआ है। इसकी इनक्वायेरी तो पी.एम. तक जायेगी। वो बंदा रोज़ की गिन्ती वाला नहीं है। ये आतंकवादी भी हद करते है यार, सोच समझ के हाथ डालना चाहिये था, नाम क्या बताया तुमने...?"

"कृपाल।"

"कृपाल सिंह?"

"हूँ।"

"बेवाड़ी से?"

"जी..."

"ठीक है।"

*कृपाल मायूस होकर यहाँ से भी चला गया। लेकिन इंस्पेक्टर ने नाम पता पास पड़े काग़ज़ पर नोट कर लिया।*

## 10.

*वीरां आँगन में उदास बैठी थी। अचानक पास ही बैठा जिम्मी भौंकने लगा। वीरां उठ कर दरवाज़े पे आई, खोला तो सामने कृपाल खड़ा था। कृपाल ने पूछा।*

"जस्सी अया...?" और वीरां की शकल देख कर बोला।

"वीरां, वीरां होसला रख। वीरां वाहेगुरू सब ठीक कर देगा।" वीरां के आँसू निकल आये।

"चुप कर वीरां चुप कर।"

*कृपाल वीरां को दिलासा देने लगा। जो जस्सी को न पा कर रोने लगी थी।*

## 11.

*कृपाल एक वकील से कह रहा था।*

"आज पन्द्रह दिन हो गये और जसवंत घर नहीं आया। कोई क़ायेदा क़ानून तो होगा कि..."

*वकील ने बात काटी।*

"क़ानून तो है बेटा। शुरू से है, लेकिन उन चाबियों से अब ताले खुलते नहीं। इसलिये लोग उन्हें तोड़ने लग गये हैं।"

"तो हमें क्या करना चाहिये...?"

"मैं तुम्हारी दरख़्वास्त तो कल कोर्ट में लगवा दूंगा मगर..."

*वो कहते कहते अपनी कुर्सी पर बैठ गये।*

*कृपाल ने कहा।*

“देखिये सर, जो मेरा हक़ है। अधिकार है। उसे बार बार दरख़्वास्त क्यूँ कहते हैं आप? मेरे भाई को बेवजह क़ानून उठा कर ले जाये और आप...”

“क़ानून नहीं पुलिस ले गई है।” वकील ने बात काटी।

“उसने कुछ नहीं किया सरजी। उसका सिर्फ़ इतना कुसूर है कि उसने अपने कुत्ते का नाम जिम्मी रखा है। और पुलिस किसी जिम्मी को ढूंढ़ रही थी। बस उठाकर ले गई उसे। पन्द्रह दिन हो गये हैं। कोई ख़बर नहीं, कोई ठिकाना नहीं। उसकी माँ दस बार बेहोश हो चुकी है। बहन रो रो के पागल हो गई है। और आप...क्या आप इसे इन्साफ़ कहेंगे?... क्या ये ज़्यादती नहीं है क़ानून की...पुलिस की? पुलिस ही तो क़ानून की हिफ़ाज़त करती है नाँ?”

“कुछ हो तो हिफ़ाज़त करें। क़ानून तो दोनों तरफ़ ही नहीं है। एक गोरीला वार चल रही है। जिस का मौक़ा लगता है। वो छापा मार जाता है।”

“आप...आप से कुछ नहीं होगा प्रोफ़ेसर साहब!”

अचानक कृपाल खड़ा हुआ, और वहाँ से निकल गया।

## 12.

*कृपाल अपने घर पे कुछ कपड़े अपने बैग में रख रहा था, जब मूली खाते हुए उसके दादाजी आये और पूछा।*

“क्या कर रहा है पुत्तर...?”

“कुछ कपड़े ले जा रहा हूँ दादाजी। वो दोनों औरतें अकेली हैं घर में।”

*ज़रा सा वक़्फ़ा लेकर दादाजी ने फिर पूछा।*

"जसवंत का कुछ पता चला?"

"अभी तक नहीं।"

*कृपाल ने बक्सा बंद किया और पीछे लटकी बंदूक़ पर उसकी नज़र गई। उसे उठा कर दादाजी से पूछने लगा।*

"ये बंदूक़ चलती है दादाजी, अभी भी?"

*दादाजी ने मज़ाक़ किया।*

"चलती थी जब शिकार पर जाता था। शिकार आयेगा तो फिर चल पड़ेगी।"

*कृपाल ने बंदूक़ फिर उसी जगह टाँग दी और बैग लेकर जाने लगा। दादाजी ने पूछा।*

"मूली खायेगा, धोके दूँ?"

"नहीं दादाजी जी। पेरी पूना।" कृपाल ने पाँव छुए।

"जीते रहो, अपना ध्यान रखियो। और देख तैश न खइयो। तुझे ग़ुस्सा बहुत जल्दी आता है। ये हॉकी का मेच नहीं है हला।"

"चलूँ दादाजी...!"

"जियो पुत्तर...जियो!"

*कृपाल दादाजी के हाथ से मूली छीन कर, खाते हुए बाहर चला गया, और दादाजी कहते रहे।*

"ओये, वे बदमाश ह...है।"

13.

*रात का वक़्त था। कृपाल घर के आँगन में सो रहा था। जब वीरां अन्दर से आई और कृपाल को उठा कर पूछा।*

"पाली...पाली।"

''क्या हुआ वीरां?''

''ये जिम्मी क्यूँ भौंक रहा है बार बार?''

*दूर से जिम्मी के भौंकने की आवाज़ आ रही थी।*

''कुछ नहीं, कोई जानवर घुस आया होगा खेतों में। तू सो जा, मैं हूँ ना।''

*तभी दरवाज़ा के पास जिम्मी के रोने की आवाज़ आई, कृपाल ने उठ कर दरवाज़ा खोला। और झाँक कर गली में देखा। दूर जस्सी का साया नज़र आया, धीरे धीरे चलता हुआ। कृपाल ने आवाज़ दी।*

''जस्सी...जस्सी...?''

*जसवंत की मद्धम सी आवाज़ आई।*

''पाली...?''

*कृपाल लपक कर पास पहुंच गया।*

''ओये यार? ये क्या हाल बना दिया तेरा?''

*जसवंत के चेहरे पर ख़राशों के निशान थे। और कपड़े ख़स्ता हो गये थे। पगड़ी आधी लटक रही थी। रुंधी आवाज़ से बोला।*

''ओये, बड़ा मारा यार...बड़ा मारा उन लोगों ने।''

*जस्सी के जिस्म पे मार के ज़ख़्म पड़े हुए थे। दोनों दोस्त एक दूसरे के गले लग गये, कृपाल रोने लगा दोस्त की हालत देखकर।*

''जस्सी, जस्सी ओये क्या हो गया यार?...ये क्या हो गया, जस्सी।''

*दोनों दोस्त वहीं गली में बैठ गये। वीरां अपने भाई की ऐसी हालत देख कर बिलक के रो पड़ी। आस पड़ोस से कुछ और लोग निकल आये। सभी जमा हो गये। तीनों लोग लग कर रोने लगे।*

"वीरां..."
"पाहजी।"
"जस्सी!"

*कृपाल और वीरां सहारा देकर घर तक ले आये जसवंत को। जसवंत ने वीरां से कहा।*

"बीजी को मत कहना...मत जगाना।"

*तीनों अन्दर गये और दरवाज़ा बंद कर दिया। मुहल्ले के लोग आपस में बातें करने लगे।*

"हालात तो पार्टीशन से भी बद्तर होते जा रहे हैं।"

"अब क्या कहें, जिसके कलेजे पर लगती है, वही जानता है।"

"ग़लती की हो, गुनाह किया हो, तो सह लेता है आदमी। लेकिन बेगुनाह से सज़ा नहीं सही जाती।"

"आतंकवादियों ने भी तो आफ़त उठा रखी है।"

"आतंकवादी क्या खेतों में उगते हैं? ये देख लो? ये देख लो, ये देखो ऐसे पैदा होते हैं आतंकवादी। ये साला देश ही अपना नहीं लगता। सरकार ही अपनी नहीं लगती। आते हैं, घूमते हैं, दौरे करते हैं। जैसे हुक्मरान आते हैं। क्या इसी देश के हैं वो सब? जैसे ज़मीन्दार आता है ना, अपने लठैत और बंदूक़ वालों के साथ। देख कोई गामा माझा तो सर उठाये तो उड़ा देना। इसी तरह आते हैं सब।"

## 14.

*दूसरे दिन की बात है। कृपाल अपने दोस्त की पीठ पर दवाई का लेप लगा रहा था। पास ही वीरां मुँह में दुपट्टा दिये खड़ी देख रही थी। कृपाल ने पूछा।*

“जलता है...?”

“हूँ...”

“बहुत मारते हैं वो लोग?...” वीरां ने नम आवाज़ में पूछा।

“हूँ...”

“हाथों से?”

“हूँ... ।”

“लातों से भी?”

“हूँ...!”

“डन्डों और लाठियों से भी मारते हैं...?”

“ओये, चुप कर ना। जितना सुनेगी उतना रोयेगी।”

*ये सुन कर वीरां सुबक सुबक के रो पड़ी। और दुपट्टा को फिर मुँह में दबा लिया। जसवंत कराह रहा था।*

“कभी कभी तो जी करता था, कि गोली से मार देते तो अच्छा होता।”

*यक्लख़्त कृपाल का चेहरा ग़ुस्से से तप गया। दवाई फेंक के, घर से बाहर निकल गया। और जसवंत बोल पड़ा।*

“मैं जानता हूँ पाली से मेरी ये हालत नहीं देखी जाती। ओये एक बार, वीरां पता है हमने...”

*वीरां अपने भाई के क़रीब आई। और फिर दवाई लगाने लगी।*

“पता है...पता है तुम लोगों ने कई बार अपनी जान ख़तरे में डाली है, एक दूसरे के लिये।”

“पाली अपने आपको बहुत बेबस महसूस कर रहा है। उसका बस चले न तो सारे के सारे।”

*उसका गला भी रुँध गया।*

## 15.

*कृपाल खेतों के पास धान के पुवाल में कुछ छुपा रहा था। दूर से वीरां ट्रैक्टर चलाती आ रही थी। कृपाल को कुछ छुपाते देख कर उसके पास गई।*

"पाली!"

"आ...हा..."

"क्या कर रहा है तू?"

"कुछ नहीं..."

*पुवाल में वीरां खोजने लगी। उसे बंदूक़ मिल गई।*

"क्या कर रही है तू? छोड़ इसे छोड़।"

"क्या कर रहा है?"

"कुछ नहीं कर रहा, तू छोड़ दे इसे।"

"किसे मारेगा तू?..."

"अरे छोड़ दे ना!"

दोनों में हाथा झपटी होने लगी।

"छोड़ पाली।"

"तू छोड़।"

"छोड़...।"

"छोड़ दे इसे। ज़िद्द मत कर।"

"नहीं छोड़ूंगी..." एक झटके से उसने बंदूक़ छीन ली और सामने कुएँ की तरफ़ भागी।

"क्या कर रही है तू वीरां। रुक जा, वीरां पागल मत बन। रुक जा..."

*वीरां ऊपर चढ़ गई और बंदूक़ कुएँ में फेंक दी। कृपाल देखता रह गया। फिर ग़ुस्सा में वीरां को एक चांटा मारा। और दूर निकल गया।*

## 16.

*जसवंत के ज़ख़्म कुछ कुछ भरने लगे थे। बीजी रसोई खाने में खाना बना रही थी। ऊपर की सीढ़ी से जसवंत उतरता हुआ आया। लाठी का सहारा लेकर, माँ को देखकर जसवंत ने पूछ लिया।*

"बीजी पाली आया है? कब आता है, कब चला जाता है, कुछ पता ही नहीं लगता आज कल! ओये मुझे पता है, उससे मेरे ज़ख़्म नहीं देखे जाते। लेकिन मुझे तो देख जाता, मलहम फेंक गया उस दिन। और फिर..."

*बीजी ने बात काटी।*

"उस दिन से आया ही कहाँ है, आज आठ दिन हो गये।"

"अच्छा! फिर ये ट्रैक्टर कौन चला रहा था पीछे...?"

"वीरां है। वही देख वही है काम खेतों का।"

"वीरां? ओये वीरां ने ट्रैक्टर चलाना कब सीख लिया?"

*वीरां खेतों से घास का गठ्ठर और कुछ सब्ज़ियाँ लेकर घर में आई और नौकर को घास देते हुए कहा।*

"सत्तू बाहर रखा है उठा ला।"

"जी..."

"आ पुत्तर ले आ।" बीजी ने कहा।

"ओये इधर आ चुढ़िये इधर आ। तूने ट्रैक्टर चलाना कब सीखा? हैं...? कृपाल ने सिखाया तेरे को..." वीरां शर्मा गई।

"कृपाल ने सिखाया नाँ?"

*वीरां भाई के पास हो गई। जसवंत ने पूछा।*

"वो है कहाँ...? आठ दिन हो गये। आया ही नहीं।"

"पता नहीं। दादाजी ने भी कोई ख़बर नहीं दी। मैं जाकर पूछ आऊँ एक बार?"

"नहीं। रहण दे। कहाँ जायेगी परले गाँव इकल्ली।"

"प्लीज़!"

## 17.

*कृपाल के दादाजी घर में कुछ काम कर रहे थे, और बात कर रहे थे वीरां से। जो चारपाई पे बैठी लस्सी पी रही थी।*

"पता नहीं, किधर निकल गया है। कह रहा था आनंदपूर साहब जायेगा। नहीं तो अमृतसर मात्था टेक कर आयेगा। 'जितया' का पता पूछ रहा था, जाने के पहले।"

*दादाजी पोटली में गुड़ सत्तू बाँध रहे थे। वीरां ने क़दरे हैरत से पूछा।*

"जितया कौन?"

*दादाजी ने वो पोटली वीरां को दी।*

"ले थोड़ा गुड़ सत्तू रखले। अब तेरे ब्याह पर भी मैं तो तेरे शगुन में भी यही देने वाला हूँ। गुड़ सत्तू!"

"जितया कौन है?"

"अरे सरजीत सिंह, उसके फुफड़ का बेटा, लेकिन उसकी रपट अच्छी नहीं है।"

"क्यूँ? क्या करता है?"

"कुछ करता ही तो नहीं! चंगा पढ़ा लिखा था, कहीं कोई नौकरी ही नहीं बनी। बेकार घूमता रहा कई

साल। फिर सुना है, उन लड़कों में शामिल हो गया, जिन्होंने थरथल्ली मचा रखी है पंजाब में। अब पता नहीं अमृतसर में है, या कैनेडा में है।''

*वीरां लस्सी का गिलास नल पे रखके आई। दादाजी तैयार थे वीरां को उसके गाँव तक छोड़ने के लिये।*

''चल। तेरे को छोड़ आऊँ। बड़ा बुरा काल आ गया है। पता नहीं किसकी नज़र लग गई मेरे पंजाब को। और तू इकली मत आया कर। देखती नहीं, शाम से ही कैसे सारा गाँव बुझ जाता है। दरवाज़े बंद हो जाते है। वरना शाम को ढोल बजते थे। मुन्डे चारों पासे कोड़ी, कोड़ी खेला करते थे। अब तो न जाने किस मौत के साथ कोड़ी खेल रहे हैं।''

*दादाजी ने अपना ट्रैक्टर स्टार्ट किया। और वीरां उस पर आ बैठी। दादाजी के साथ। ट्रैक्टर खेतों से गुज़र रहा था। पर वीरां का मन कहीं और खोया हुआ था। कृपाल याद आ रहा था।*

## 18.

*सूरज ग़रूब हो रहा था। और शाम के चिराग़ जलने लगे थे।*
*वीरां चूल्हे के पास बैठी थी। ज़हन में कृपाल का ख़्याल अभी तक गूंज रहा था।*

*याद न आये कोई, लहू न रुलाये कोई*
*आंखियों में बैठा था, आंखियों से उठके*
*जाने किस देश गया*

*जोगी मेरा जोगी रे, रांझा, मेरा रांझड़ा*
*मेरा दरवेश गया,*
*दूर न जाये कोई, याद न आये कोई*
*शाम के दिये ने आँख भी न खोली*
*अन्धा कर गई रात*

*जला भी नहीं था देह का बालन*
*कोयला कर गई रात,*
*और न जलाये कोई, याद न आये कोई।*

## 19.

*कृपाल अभी तक सफ़र में था। कभी ट्रेन में, कभी बस में। कोई बेचैनी लिये घूम रही थी उसे। एक शहर में बस किसी जगह रुकी एक मुसाफ़िर चढ़ा...और कृपाल के आगे की सीट पर बैठ गया। कृपाल बग़ौर उस मुसाफ़िर को देखता रहा। ये आदमी बार बार कैमरे से बाहर का मन्ज़र देख रहा था।*

*बस से उतरने के बाद...कृपाल ने देखा कि वो मुसाफ़िर भी उतर गया जो कैमरा लिय हुए था। लेकिन उतरा तो उसके पास कैमरा नहीं था। कृपाल ने उसे कहा।*

"भाई साहब, भाई साहब वो आपका कैमरा बस में तो नहीं रह गया। वो जो गले में आपके कैमरा था वो...शायद बस में रह गया होगा।"

*दूसरे पल एक कार उसके पास आकर रुकी। जिसमें दो शख़्स राईफ़ल लिये बैठे थे। वो मुसाफ़िर उस में बैठा और देखते देखते ग़ायब हो गया। कृपाल मुश्किल से मुड़ा ही था*

कि...उस बस में बहुत बड़ा ब्लास्ट हुआ। और साथ मुसाफ़िरों के वो बस आग का शोला बन गई।

## 20.

लोहड़ी का दिन था। और वही चारों लड़के, जिनमें एक कृपाल भी था, घर के बाहर अलाव जला कर गा रहे थे, और चारों तरफ़ पहाड़ी बर्फ़ों का माहौल था।

चप्पा चप्पा चरखा चले, चप्पा चप्पा चरखा चले
ओनी पोनी यारियाँ तेरी, बोनी बोनी बेरियों तले...
यरां, ओ यारां वे...
चप्पा चप्पा चरखा चले, चप्पा चप्पा चरखा चले
वो गोरी, चट्ख़ोरी, जो कटोरी से खिलाती थी,
जुम्मे के जुम्मे जो सुरमा लगाती थी
कच्ची मुंडेर के तले...
चप्पा चप्पा चरखा चले, चप्पा चप्पा चरखा चले

झूटी मूटी, मूई ने रसोई में पुकारा था
लोहे के चिम्टे से लिप्टे को मारा था
ओये बीबी तेरा चूल्हा जले...
चप्पा चप्पा चरखा चले, चप्पा चप्पा चरखा चले!

## 21.

लड़कों का गाना चलता रहा। कृपाल को शायद वीरां की याद आ गई। वो उस पहाड़ी मकान

*के बरामदे में जाकर खड़ा हो गया। तभी नानू चाचा भी पास आकर खड़े हो गये।*

"ले भई पाली, बारिश फिर शुरू हो गई। इसका भी तेरे मूड की तरह पता नहीं चलता।"

"बड़ी कमाल की जगह है नानू चाचा। मेरा बस चलता ना, तो यहीं पे बस जाता।"

"क्या करता? भेड़ें चराता?"

"तो क्या हुआ...? अगर रांझा भैसें चरा सकता है तो हम छोटे रांझे।...यही भेड़ें ही सही।"

"...गल कीती आ। और फिर अपनी हीर को भी ले आता यहाँ? वीरां को?"

"पता नहीं चाचा क्या होता?"

"कितना वक़्त हो गया बिछड़े? साल भर?"

"एक साल तो हो गया, हमें यहाँ आये हुए, उसके कुछ चार पांच महीने पहले देखा था।"

"बहुत याद आती है न अभी तक?"

"हूँ...!" कृपाल ने सर हिलाया।

"कोई नहीं, कोई नहीं, बाबा सब ठीक कर देगा।"

*कृपाल ने एक लंबी सांस ली और पूछा।*

"अच्छा चाचा, बाबा ठीक कर देगा?...क्या ऐसा हो सकता है कि वक़्त की घड़ी...वापस हो जाये?...क्या हम अपने घरों को वापस लौट सकते हैं? सनातन तो नहीं मानता।"

"ये सनातन कहाँ मिला था तुझे?"

"सनातन कहाँ मिला था मुझे...? मैं ही जाकर मिला था सनातन से।"

"कहाँ...?"

"मैं थक कर शायद लौट जाता चाचा। लेकिन एक हाईवे पे, ढाबे में, फिर मिल गया था। उसे, पहले भी देखा था उसे बस में। लेकिन उस दिन..."

## 22.

*वही मुसाफ़िर जिसे एक बार कृपाल बस में मिला था। वो सनातन था। कृपाल की मुलाक़ात फिर एक ढाबे पे हो गई। कृपाल उसके बारे में जानना चाह रहा था।*

"भाई साहब आपका नाम क्या है, भाई साहब...?"

"क्या बात है भाई..?"

"नहीं, मैंने पहले कहीं देखा है आपको। शायद..."

*सनातन ने उसे हाथ से दूर होने का इशारा किया।*

"हाँ हाँ, देखा होगा। बहुत अख़बारों में तस्वीरें छपती हैं मेरी। चलो..."

"आ...आपका..."

"ओये क्यूँ लस्सी कोड़ी कर रहा है। जा अपना काम कर।"

*लस्सी ख़त्म कर के, सनातन वहाँ से चल दिया। कृपाल सनातन के पीछे पीछे चलने लगा। सनातन ज़रा चौकन्ना हो गया था।*

"एक बात कहूँ...कुछ पूछना था...ज़रा सुनिये... देखिये भाई साहब, मैं कोई चोर उचक्का, बदमाश नहीं हूँ। ना ही मेरे पास कोई हथियार है। जिससे मैं आपको नुक़सान पहुँचाऊंगा। तलाशी ले लो बेशक। शायद आप मेरी मदद कर सकते हैं। मैं किसी को ढूंढ़ने निकला था, पर कहीं एकान्त में आप मेरी बात सुन लें तो..."

"चल..."

"मैं अपना बैग ले आऊं?"

"हूँ..."

*कृपाल के जाते ही सनातन ने कुरते के नीचे अड़सी पिस्तोल का लेच (latch) खोल दिया। कृपाल अपना बैग लेकर...सनातन के पास आया।*

"और कौन है तेरे साथ...?"

"धर्म से कोई नहीं। सौं रब्ब दी!"

*सनातन ने चलते रहने का इशारा किया। दोनों चलते चलते ढाबे से दूर निकल गये।*

**23.**

*बाद की बात है, दोनों एक सड़क के किनारे किनारे चले आ रहे थे। कृपाल लिफ़्ट के लिये...कारों को इशारा कर रहा था।*

"सरहिंद तो काफ़ी दूर है यहाँ से। है ना?"

"हूँ पहुँच जायेंगे।"

"आज कल कोई लिफ़्ट भी नहीं देता। लोगों का एतबार ही उठ गया है, एक दूसरे के ऊपर से।"

*तभी सड़क पर एक ट्रक आता हुआ नज़र आया सनातन ने हाथ के इशारे से ट्रक को रोका और वो रुक गया। सनातन ने कहा।*

"चढ़ जा पीछे।" और ख़ुद सामने ड्राइवर के साथ जा बैठा। ड्राइवर एक सरदार जी थे।

"सत सिरी अकाल!"

"आऔ जाओ सनातन, वाहेगुरूजी का ख़ालसा, वाहेगुरूजी की फ़तह।"

*ड्राइवर कोई बड़ा आदमी लगता था जो ख़ुद ट्रक चला रहा था। ट्रक चल पड़ा। कृपाल दौड़ कर ट्रक में चढ़ा तो पीछे दो लड़के हाथों में राईफ़ल लेकर बैठे थे। कृपाल एक पल घबरा*

*गया। फिर भी बैठ गया। और कोई चारा भी नहीं था...पुलिस चेक नाके पर आकर ट्रक रुक गया। इंस्पेक्टर ने पूछा।*

"ओये रोक भाई, इस में क्या है? ओये..."

*सनातन ने जवाब दिया जो सामने ही बैठा था।*

"कुछ नहीं है। दो तीन मुन्डे हैं अपने, सामान कुछ नहीं, आप चेक कर लो बेशक।"

"जाने दो इसे।"

*ट्रक फिर चल पड़ा। दोनों लड़कों ने अपनी राईफ़लें बोरी के नीचे छुपाली थीं। ट्रक जैसे ही चेक नाकों से आगे निकला। दोनों लड़कों ने सुकून की सांस ली। कृपाल ने उन लड़कों से पूछा।*

"सनातन को मालूम है कि तुम ट्रक में हो...?"

"हाँ!"

"ये ट्रक किसका है?"

"अपने चीफ़ का है।"

"वो कौन है...?"

"सामने है ना, चीफ़ हमेशा ख़ुद ही ड्राइव करता है।"

*जो लड़का बात कर रहा था उसका नाम कुलदीप था। कृपाल ने बोरियों की तरफ़ इशारा कर के दूसरे लड़के से पूछा।*

"ये क्या है भाई...? इन बोरियों में...?"

"अनार है, अनार।"

*पहले ने टोका।*

"नहीं, नहीं सेब है सेब।"

*दूसरे ने बता दिया।*

"बम है।"

*कुलदीप ने वज़ाहत की।*

"देसी हैं। यहीं बनाते हैं। अपना सनातन है ना एक्सपर्ट है, इस काम में।"

*ट्रक खेतों से होता हुआ, एक पुरानी हवेली के खँडहर के पास आकर रुका, खँडहरनुमा हवेली से दो लड़के आये और ट्रक में से बोरियाँ उतारने लगे। सनातन ने आवाज़ दी।*

"ओये चलो मुन्डयो!"

*एक लड़के ने सनातन के हाथ से उसका बैग ले लिया।*

"लाईये।"

"वो फ्रूट ले लो भाई। संभाल के।"

*कृपाल भी ट्रक से उतरा और पास खड़े सनातन से पूछा।*

"ये कौन सी जगह है सरजी!"

"आ जाओ। पता चल जायेगा।"

*कृपाल सनातन के पीछे पीछे उस खँडहरनुमा हवेली की तरफ़ चल दिया। चीफ़ के दाख़िल होते ही कई लड़के राईफ़लें लेकर हवेली के गिर्द पहरों पर खड़े हो गये। चीफ़, कृपाल और सनातन के सामने आकर खड़ा हो गया। माहौल में टेन्शन पैदा हो गया। कृपाल की घबराहट बढ़ गई। चीफ़ ने बड़े ठहराव के साथ पूछा।*

"जितया तेरा क्या लगता था भाई...?"

"मेरा कज़िन है, फुफड़ का बेटा...!"

"है नहीं, था!" चीफ़ ने इत्तला दी।

*कृपाल सकते में आ गया, जिसे खोजने निकला था, वो मर चुका था।*

"तू उसे ढूंढ़ने आया है, या उसके क़ातिल को? मैंने मार डाला जितया को। पुलिस सेक्यूर्टी में घुस कर।" चीफ़ का ग़ुस्सा बढ़ रहा था।
"ब्लडी पुलिस इन्फ़ार्मर! मुख़बिर निकला हरामज़ादा। हमारे पाँच लड़कों को मरवा डाला उसने। देखना मैं भी गिन कर पच्चीस निकालूंगा उसके ख़ानदान से। तू भी उन्हीं में से एक है।"

*कृपाल डर गया। और बाहर की तरफ़ देखने लगा। चीफ़ ने डाँट के पूछा।*

"अब यहाँ क्या करने आया है?"
"मुझे उसका कुछ पता नहीं है। मैं तो...मेरे दोस्त को पुलिस उठा कर ले गई थी, ख़, ख़ुराना नाम का एक इंस्पेक्टर था। जस्सी...जस्सी जब पन्द्रह दिन बाद वापस घर आया तो बिलकुल उधेड़ के रख दिया था उसे, पुलिस वालों ने। मुझ से उस की हालत बर्दाशत नहीं हुई, इसीलिये निकल आया। मैंने सोचा था कि जितया मदद करेगा मेरी। ख़ुराना की शकल जब आँखों में आती है, तो ख़ून उबलने लगता है मेरा। वीरां का चेहरा देखता हूँ तो..."
"वो तेरी मंगेतर है नां? रंधावा की बहन? जसवंत रंधावा।"

*कृपाल ने हैरत से देखा उसकी तरफ़। सनातन बीच में आ गया और बोला।*

"मैंने तो पिछले ही महीने बता दिया था कमांडर को जब हम ढाबे पर मिले थे। दो आये थे ना तुम्हारे घर, एक ख़ुराना था, दूसरा वो...वोहरा!"
"अब क्या करेगा?...जितया तो है नहीं...?"
"जाकर ज़ख़्म चाटेगा अपने यार के। या ना-नामर्दों की तरह गुज़रेगा पुलिस वालों की टाँगों में से। ठड्डे

खायेगा उनके।''

''और क्या! हमारे पास क्यूँ आया है? We are professional killers or What? ख़ुराना को उड़ाना है तो ख़ुद जाके उड़ा। जा हम हिफ़ाज़त कर देंगे तेरी, पर एक बात याद रहे, हम से होश्यारी की तो रंधावा और बहन उसकी, बेबे और तेरा दादा, सबको लिस्ट पर रख लेंगे!''

*कृपाल के हवास उड़ गये। लेकिन चीफ़ बोलता रहा।*

''हम ज़हरीली बोटी को जड़ से उठा कर जला देते हैं। ताकि बीज न बच जाये।''

*इतना कह कर चीफ़ कमरे से बाहर निकल गया। सनातन ने कृपाल की तरफ़ देखा और बोला।*

''चल! सोच लेना आराम से।''

*दूसरे कमरे में और लड़के पहरे पे खड़े थे। एक लड़के ने कृपाल के बैग को लेना चाहा तो कृपाल ने उसे परे धकेल दिया।*

''क्या है? क्यूँ बार बार बैग पर हाथ डालता है? क्या पिन्नियाँ रखी हैं इसमें?''

*ये सब कृपाल ने इतनी तेज़ी से किया कि वज़ीरा देखता रह गया। वज़ीरा की समझ में कुछ नहीं आया।*

''तो दिखाता क्यूँ नहीं? क्या है इस में?''

''नहीं दिखाता...''

*सनातन ने पीछे मुड़ के देखा। चीफ़ खड़ा था...और कृपाल की हरकत देखकर मुस्कराया।*

''बड़ी जान है भाई मुंडे में।''

*कृपाल ने अनजाने में वज़ीरा की बंदूक़ पकड़ ली थी। अब ध्यान गया तो फेंक दी। सनातन ने कहा।*

"ये बंदूक़ क्यूँ फेंक दी? चलानी नहीं आती? चल सीख जायेगा।"

*सनातन कृपाल को दूसरे कमरे की तरफ़ ले गया, जिसमें दो लड़के हथगोले एक दूसरे को उछाल उछाल कर दे रहे थे। पैकिंग कर रहे थे। सनातन ने कहा।*

"ओये कपल देव की औलाद...ठीक से पकड़ उसको हाथ में, ये बम है, कोई किर्कट बॉल नहीं है।" और फिर कृपाल से मिलाया।

"ये कुलदीप है। जान पर खेलने का बहुत शौक़ है इसे, उल्लू दा पट्ठा और ये जैमल है।"

"हाये..."

"ये कृपाल!"

*सनातन उनसे मिलाने के बाद, किचन में लेकर गया, जहाँ वज़ीरा कुछ पका रहा था। और उससे मिलाया।*

"भाई और ये वज़ीरा है। इससे तो तुम मिल ही चुके हो, क्यूँ?"

"हैलो..." दोनों ने हाथ मिलाया...और वज़ीरा ने कहा।

"हाये! डोंट टेक पंग्गा विद मी।"

"चलो..."

*सनातन कृपाल को दूसरे कमरे में ले गया, जहाँ एक दूसरा नौजवान, कुछ सामान रख रहा था। उससे कृपाल को मिलवाया।*

"यासीन! यासीन मियाँ, ये उधर से आया है, उस्ताद है मेरा! ये सब बनाना इसी ने सिखाया है मुझे। आई एम, एम.एस.सी इन फ़िज़िक्स।"

*सनातन ने एक चारपाई से चादर हटाई, उसके नीचे कुछ बंदूक़ें, राईफ़लें पड़ी थीं। सनातन ने कहा।*

"लो उठा लो जो दिल चाहे, उठाओ।"

*दूसरे कमरे से कुलदीप भी आकर खड़ा हो गया था। उसने कहा।*

"उठाले भाई! ओये छू के देख, हाथ गर्म रहते है इससे। कम ऑन!"

*सनातन सभी को लेकर चला गया।*

## 24.

*घर की छत पर सनातन कपड़े सुखा रहा था। चारों तरफ़ दूर दूर तक खेत नज़र आते थे। कपड़े फैलाते हुए सनातन कृपाल से बात कर रहा था। जो एक राईफ़ल के टुकड़े जोड़ने की मश्क़ कर रहा था।*

"स्कूल में था, क्लास में मास्टर ने पूछा आज़ादी कैसे मिली? मैंने कहा ख़ून ख़राबे से! छोटा था, लेकिन बटवारे के मन्ज़र मुझे अच्छी तरह याद थे। यू कॉल देड ब्लेड लेस इवोनेट? मुझे खड़ा कर दिया मास्टर ने, और फिर क्लास से पूछा, आज़ादी किसने ला कर दी?...बताओ कोई है जवाब इसका?...अरे कोई एक आदमी था, जो लाठी लेकर गया था और आज़ादी उठा कर ले आया, और लाकर हमें दे दी। ये लो आज़ादी। तुम्हारे लिये लाये हैं। बाँट लो।"

*कृपाल चुपचाप उसकी बातें सुनता रहा। बात करते हुए, अब भी सनातन के नथने फूल जाते थे।*

"बाप दादा हमारे मरे, ख़ून हमारे बहे, घर बार हमारे बरबाद हुए, और आज़ादी लाने वाला कोई और था?"

*कृपाल के हाथ में राईफ़ल तैयार हो रही थी।*

"तुम्हारी पार्टी का नाम क्या है?" कृपाल ने पूछा।

## 25.

*सनातन और कृपाल नदी में नहा रहे थे। और सनातन कृपाल को बता रहा था।*

"कोई पार्टी वार्टी नहीं है मेरी। मैं किसी धर्म या देश की लड़ाई नहीं लड़ रहा हूँ। मैं तो अपनी मजबूरी और बेबसी की लड़ाई लड़ रहा हूँ। ये सिस्टम मुझे नामर्द साबित करना चाहते हैं...लेकिन मैं नामर्द नहीं हूँ, मरते पिटते आये थे, बाप दादा उधर से, यहाँ फिर मरने पिटने के लिये...भाई आये तो अपने घर पर थे?...अपने देश में आते ही क्या नाम मिला उनको? शर्नारथी हैं, शरण लेने आये हैं। उनकी माँ की...अरे आज़ादी तो हम लेके आये थे, उनके लिये। अपना जान माल सब लुटा कर। उन्होंने क्या किया?...अहद नामों पर दस्तख़्त करते रहे हैं। बस..."

## 26.

*सनातन और कृपाल बड़े बरगद तले बैठे, खीरे मूलियाँ खा रहे थे। जब खेतों के बीचों बीच बने रास्ते से कुलदीप मोटर साईकल पे आया अपने एक साथी के साथ और सनातन से मुख़ातिब हुआ।*

"पाहजी, ख़ुराना की ट्रांसफ़र हो गई है।"

"कहाँ...?"

"खन्ना में! टेमपेरेरी पोस्टिंग लगती है। शायद साल भर के लिये।"

"साल भर बहुत है। क्यूँ?..." सनातन ने कृपाल की तरफ़ देखा।

"घबराओ मत! साल में हाथ पक्के हो जायेंगे तेरे। और तब तक उसकी मोमेन्ट्स भी रिकॉर्ड कर लेंगे।"

"पाहजी बड़ी ज़बरदस्त सैक्यूर्टी होती है उसके चारों तरफ़।" जैमल ने बताया।

"देख लेंगे। अब तक क्या कर लिया सैक्यूर्टी ने। Unguarded Moment कुछ भी होते हैं।
सब के होते हैं उसके भी होंगे।"

## 27.

*ट्रेन की पटरी...उसके नीचे बहता नाला... और पुल पर बैठे सनातन और कृपाल...वही बातें चल रही थीं, देश को लेकर, समाज को लेकर।*

"मुलक सेल्फ़ सफ़ीशेंट नहीं हो गया। हाँ कुछ लोग ज़रूर सेल्फ़ सफ़ीशेंट हो गये हैं। बिजली, पानी, घर, दवा, क़ानून, शिक्षा, कौन सी चीज़ है, जो आम आदमी को नसीब हो गई है। साठ पर्सेंट लोग अभी भी ग़रीबी की लाईन के नीचे हैं...और वो सिर्फ़ ग़रीबी ही नहीं बदनसीब भी हैं। चालिस साल से ऊपर हो गये आज़ादी मिले, आधी सदी,

हाफ़ सेंचरी। कब तक चाहते हैं इन्तज़ार करें?"

"चीफ़ के ऊपर भी कोई है, जो मौमेंट चला रहा है?"

"कौन सी मौमेंट..?"

*पीछे से ट्रेन आती हुई नज़र आ रही थी। पर उनकी बातचीत चलती रही।*

"देख बाबू, जब किसी आदमी के साथ बेइन्साफ़ी होती है ना, और होती चली जाती है...अकेले वो लड़ नहीं पाता, तब वो अपनी तरह के और लोगों को इकट्ठा कर लेता है, कभी मुहल्ले और शहर के नाम पर, कभी ज़ात और धरम के नाम पर देश के नाम पर...लेकिन उसकी लड़ाई होती उसी बेइन्साफ़ी के ख़िलाफ़ है। जब चाहो इतिहास उठा देख लो, यही होता रहा है। यही होता रहेगा।"

"तो फिर क़ानून किसलिये है...?"

*जैसे जैसे ट्रेन क़रीब आती गई, उनकी आवाज़ें ऊँची होती गईं।*

"क़ानून से कभी मसले हल हुए हैं? सुनते हो ना, इनक्वायेरी कमीशन, इनक्वायेरी दस साल बीस साल चलती रहती है...।"

"तुम्हारा मतलब है ये जंग कभी ख़त्म नहीं होगी...?"

"अभी तक तो नहीं हुई है। मैं किसी आने वाली नस्लों के लिये नहीं लड़ रहा हूँ। मुझे अपना हक़ चाहिये, और वो भी मेरे जिन्दा रहते हुए...अभी, इसी वक़्त!"

*एक ख़ामोशी दोनों के बीच आकर ठहर गई। ट्रेन का शोर भी दूर जा चुका था। पास ही एक ख़रगोश उछलता हुआ जा रहा था।*

कृपाल ने पिस्तौल से गोली चला दी। खरगोश ढेर हो गया...ये देखकर सनातन ने कहा।

"गुड...!"

## 28.

वीरां चूल्हे के पास बैठी खाना पका रही थी। और गुनगुना रही थी।

भेज कहार, प्याजी बुलालो
कोई रात रात जागे
डोली पड़ी डेवढ़ी में
अर्थी जैसी लागे...
भेज कहार, प्याजी बुलालो...!

## 29.

कृपाल मज़दूर बना, एक पंसारी; राशन की दुकान में काम कर रहा था। एक औरत दुकानदार से खाने पीने का सामान ले रही थी। वही पुलिस आफ़ीसर ख़ुराना मुर्ग़ी सब्ज़ी ख़रीदता हुआ मार्किट में घूम रहा था। पंसारी सारा सामान एक बड़ी सी टोकरी में रखता जा रहा था। औरत ने पूछा।

"दालें होईं न सारी?"

"दालें हो गईं...!"

"राजमा..."

दुकानदार ने आवाज़ दी।

"धर्म सिंह!"

फ़ौरन कृपाल हाज़िर हो गया।

"हाँ जी!"

"दो किलो राजमा लाइयो।"

"लाया जी!"

*दुकानदार ने रस्मन ही पूछ लिया।*

"साहब जी नहीं आये? एतवार का दिन है। एतवार के दिन तो साहब आ जाते हैं सुबह सुबह।"

"आयें हैं नाँ, सब्ज़ी तरकारी ले रहे हैं। और अपनी माँस मछली भी ले रहे हैं।"

*.खुराना साहब, एक हाथ में दो मुर्ग़ियाँ पकड़े और हाथ में हरी सब्ज़ी लिये आ रहे थे। एक हवलदार ने आकर उन्हें सेलूट मारा।*

"जयहिंद सर!"

"जयहिंद!"

"लाइये मुझे दें, सर मैं उठा लेता हूँ।"

"अरे नहीं भाई, तुम्हारी सरकार की सेवा तो रोज़ ही करता हूँ, एक दिन अपनी भी सरकार की सेवा कर लेने दो...!"

*.खुराना साहब पंसारी (राशन) की दुकान पर पहुँचे। पास खड़े कृपाल ने .खुराना को देखा और पहचान लिया।*

"क्यूँ भाई हो गया सब?"

"जी हाँ जी! हो गया।"

*दुकानदार ने हाथ जोड़े।*

"नमस्ते साहब जी!"

"नमस्ते, नमस्ते कैसे हो?"

"जी बड़ी मेहरबानी है आपकी।"

*बीवी ने पूछा।*

"ये सब क्या ले आये?"

''ये गोभी, बेगन, गाजर, दो प्यारी वैजीटेरियन मुर्ग़ियाँ। सिर्फ़ चावल दाल खाती हैं।''

''मुर्ग़ियाँ भी कभी वैज होती हैं?''

''अरे पता नहीं तुम्हें? होती हैं भाई, मेरी और तुम्हारी तरह ये भी वैज और नॉनवैज होती हैं।''

''ठीक है। पर्स दीजिये।''

*ख़ुराना ने पास खड़े कृपाल की टोकरी में सब्ज़ियाँ रखीं। पर्स दिया। और कृपाल से कहा।*

''अरे तू क्या कर रहा है? उठा ले ये सब! और चल...''

*कृपाल को अपने साथ चलने को कहा। कृपाल उनके पीछे पीछे चल पड़ा। औरत पर्स लेकर फिर दुकानदार के साथ मसरूफ़ हो गई।*

''हैं जी कितने पैसे हुए...?''

''ये हो गये जी आपके दो सौ सत्तर रुपये।''

*औरत पैसे निकालने में मसरूफ़ हो गई। ख़ुराना के पीछे पीछे कृपाल उसकी कार तक आया... और सामान गाड़ी पीछे की सीट पर रखा और ख़ुराना को उसके नाम से बुलाया।*

''ख़ुराना...''

ख़ुराना ने सर उठाया।

''ख़ुराना! जिम्मी मिला...?''

*इतना कह कर कृपाल ने अपना पिस्तौल ख़ुराना के माथे पे लगा दिया। और गोली दाग़ दी। ख़ुराना लहूलुहान गिर पड़ा। बाज़ार में भगदड़ मच गई। ख़ुराना की पत्नी चीख़ने लगी। कृपाल का साथी सनातन स्कूटर लेकर आया, जिस पर बैठ कर दोनों भाग गये।*

## 30.

*आँगन की रोशनी में जस्सी चारपाई पर बैठा गुरूमुखी अख़बार पढ़ रहा था। अन्दर से उसकी माँ हॉकी का सहारा लिये हुए आई...जस्सी माँ को देख कर बोला।*

"ओह बीजी क्या कर रही है तू? सुटी कहाँ है तेरी...?"

"वो पड़ी है दरवाज़े के पीछे।"

"कमाल है तू। बुला लूती ना मुझे।"

"अरे बस पाली की हॉकी लेके उठाई। लगता है, आके हाथ पकड़ लिया उसने।"

*जस्सी माँ की छड़ी लेने गया। और लाकर माँ को दी।*

"आँ, ये ले पकड़, ये मैनू दे।"

"पता नहीं कहाँ चला गया?"

"आ जायेगा बीजी! और तू कहाँ चल दी इस वक़्त रात को?"

"गुरुद्वारे जाऊंगी। माथा टेक के आऊंगी, ज़रा दिल ठहर जाये। आज बड़ा याद आ रहा है पाली।"

"आ जायेगा बीजी, पाली आ जायेगा..."

*घर की चौखट पार करते हुए जस्सी और माँ ने देखा घर की गली में पुलिस वाले घूम रहे थे।*

"पुलिस के पहरे क्यूँ लग रहे हैं गली में? पिछले चार पाँच दिन से देख रही हूँ।"

"सारे गाँव में लगा रहे हैं बीजी। कल बाबे को मिलने गया था, पाली के दादाजी को, वहाँ भी यही हाल है।"

"रब ख़ैर करे। तू जा अन्दर वीरां इकली है।"

*बीजी को गली में छोड़ के जसवंत घर लौट गया।*

## 31.

*जस्सी ऊपर वाले कमरे में आया तो वीरां घबराई हुई हाँपती हुई आई।*

"पाहजी, पाली!"

"पाली...?"

"हाँ...पाली!"

"पाली आया है?"

*पीछे पीछे ही पाली कमरे में दाख़िल हुआ। दोनों बड़े ज़ोर से गले मिले। और साथ ही आंसू बह निकले। पास खड़ी वीरां भी सिसकियाँ लेने लगी।*

"ओये पाली। हाये हाये यारां, ओये हरामज़ादे कहाँ था? कहाँ चला गया था?"

*ज़रा सब्र आया तो, दोनों दोस्त पास पड़े बिस्तर पर बैठ गये।*

"पाली तू है कहाँ? क्या कर रहा है यार तू? सोच सोच कर हमारा तो दिल दहल जाता था। दिमाग़ ख़राब हो जाता था। कैसे उलटे सीधे सवाल आते थे हमारे मन में पता नहीं तुझे क्या हो गया? तू है कहाँ यार...?"

"जस्सी, अब कैसे बताऊँ तुझे यारा, मैं बहुत दूर निकल चुका हूँ जस्सी, जस्सी मैंने, जस्सी मैंने ख़ुराना को मार डाला।"

*दरवाज़े पे खड़ी वीरां सब सुन रही थी। जस्सी बहन की तरफ़ देखा और चुप रहा। कृपाल ने फिर कहा।*

''जो तुझे ले गया था ना यहाँ से।''

''हूँ...!''

''जिस ने डन्डों से मारा था तुझे। मुझे ये बर्दाश्त नहीं हुआ जस्सी। आग के भामड़ जलते थे मेरे अन्दर।''

*ये सुन कर पास खड़ी वीरां ने सिसकी लेते हुए कहा।*

''अब बुझ गई क्या...?''

*कुछ सोच कर जस्सी ने बहन से कहा।*

''वीरां जाके कुछ ले आ पाली के लिये। देख मेरे यार की शकल कैसे आधी हो गई है।''

''मैं नहीं जाऊंगी। यहीं रहना है मुझे।''

''जस्सी मैं लकीर के उस तरफ़ निकल चुका हूँ। मैं अब नहीं लौट सकता, नहीं लौट सकूँगा, देख जस्सी, तू वीरां को कहीं ब्याह दे। किसी अच्छे से घर में। बड़ा उपकार होगा तेरा।''

*वीरां जो दरवाज़े पर खड़ी थी भन्ना कर चली गई। जस्सी सोचता रह गया...उसी वक़्त आँगन से बीजी के बोलने की आवाज़ आई।*

''गुरुद्वारे में लोग कह रहे थे, पाली टैरेरिस्टों में चला गया है। पागल हो गये हैं सारे। कहते हैं कि उसके लिये पहरे लगे हैं गाँव में। कोई नहीं। तुझसे मिलने तो आयेगा ना। पूछूँगी उससे।''

*वीरां अपने हाथ की अंगूठी देखने लगी...जो शायद कृपाल ने दी थी। ऊपर कमरे में जसवंत ने कहा।*

''बीजी आ गईं गुरुद्वारे से।''

"मैं निकल चलता हूँ। वरना मुसीबत हो जायेगी, सबके लिये।"

"पाली ये तू ने क्या कर लिया यार? बीजी वीरां को कहाँ छोड़ूं मैं?"

"तू ऐसा कुछ नहीं करेगा। मेरी सौं है तुझे। तू यहाँ से आगे मत जाना। और दादा भी तो हैं नाँ मेरे। उनका ख़्याल भी तुझे ही रखना है नाँ।"

*जसवंत सोच में पड़ गया, वो साथ जाने की सोच रहा था।*

"चल कहाँ जाना है तुझे? मैं तुझे छोड़ के आता हूँ।"

"तू यहाँ से कहीं नहीं जायेगा। देख जस्सी तू वीरां को समझा ले। वो बहुत ज़िद्दी है।"

*कृपाल पीछे की दीवार की तरफ़ बढ़ा। शायद वहीं से आया था।*

"ओये तू उससे मिलेगा नहीं?"

"ऊँ...हूँ..."

## 32.

*गाँव से बाहर जाने वाली पगडंडी से कृपाल निकला तो वीरां ने रास्ता रोक लिया...वो एक पोटली लिये खड़ी थी।*

"वीरां! क्या कर रही है तू यहाँ? कहाँ जा रही है?"

"क्यूँ? मैं नहीं जा सकती तेरे साथ? कल कहीं भी जाकर फेरे ले लूंगी! और न भी ले सकी तो क्या? तू अपनी व्हटी मान ले तो, तेरा विश्वास बहुत है मेरे लिये। तेरे ही सात फेरे ले लूंगी।"

*कृपाल ने गले लगा लिया।*

“पागल मत बन वीरां, मेरा अंत जानती है तू...?”

“जानती हूँ।”

“मैं अपनी मौत अपने साथ लिये घूम रहा हूँ।”

“तो डरते हो क्या मौत से?”

“डर लगता है तेरे बग़ैर। अकेले मरना बहुत मुश्किल है वीरां।”

“तो मैं चलती हूँ न तेरे साथ। मुझे अपने साथ ले चल पाली। प्लीज़ न मत करना, तेरे साथ ही मरूंगी सच्ची।”

“मेरा जाना मुश्किल ना कर वीरां। नहीं तो रस्ते में ही हलाक हो जाऊंगा। पुलिस को...”

*उसी वक़्त कुछ दूर से पुलिस की एक जीप निकल गई। फिर कुछ सीटियाँ सुनायी दी..पास ही एक वाटरपम्प की कोठरी थी। दोनों भाग के छुप गये। एक वक़्फ़े के बाद, जब ख़ामोशी हुई तो कृपाल धीरे से बाहर निकला। और कोठरी के दरवाज़े की कुन्डी लगा कर खेतों के पार भाग गया। वीरां देर तक अन्दर से दरवाज़ा खटखटाती रही।*

“पाली, पाली, पाली...”

## 33.

*कृपाल लौट कर उसी खँडहरनुमा हवेली में पहुँचा...लेकिन वहाँ अब कोई नहीं था। और किसी चीज़ का कोई नाम-ओ-निशान नहीं, सब कमरों को छान मारा...दोस्तों के नाम लेकर भी बुलाया।*

“सनातन! वज़ीरा...”

*रात ढल रही थी और कृपाल अकेला...तन्हा...*
*दोनों किनारे छुट चुके थे।*

"तुम गये सब गया...
*मैं अपनी ही मिट्टी तले दब गया।*
*कोई आया था कुछ देर पहले यहाँ*
*ले के मिट्टी से लीपा हुआ आसमाँ*
क़ब्र पर डाल कर वो गया! कब गया...?
तुम गये सब गया...!"

## 34.

*वक़्त कृपाल के पाँव तले से बहता रहा। रूपोश रह कर जीना, अस्लूब हो गया। सर पे दस्तार बाँध कर एक गुरुद्वारे में पनाह ले ली उसने... सेवादारों के साथ गुरुद्वारे की सेवा करता था। एक दिन गुरुद्वारे से निकला तो...पास ही एक ट्रक खड़ा था और ट्रक के पास चीफ़ नज़र आया। वो उसके पास चला गया।*

"सत सिरी अकाल!"

"वाहेगुरूजी का ख़ालसा, वाहेगुरूजी की फ़तह, चल, बैठ जा ट्रक में।"

*कृपाल फ़ौरन चढ़ गया। ट्रक सड़क पर आ गया...चीफ़ ने बताया।*

"फ़ार्म हाऊस इसलिये ख़ाली करना पड़ा कि डर था कही पुलिस वहाँ तक न पहुँच जाये।"

"और इतने दिन आप जानते थे। मैं कहाँ हूँ?"

"हूँ। पर ये नहीं पता कि पुलिस कहाँ तक पहुँच पायी है? अब पुलिस गुरुद्वारे तक पहुँच गई है। वो बिलकुल तुम्हारी सीढ़ियों पर है। इस लिबास में न होते तो पकड़े गये होते।"

"लेकिन पुलिस मुझे क्यूँ ढूँढ़ रही है?"

"ख़ुराना के लिये।"

"उन्हें कैसे मालूम कि वो मैंने किया है?"

*चीफ़ ने एक पेपर दिखाया जिसमें कृपाल और जसवंत की, कॉलेज के वक़्त की फ़ोटू छपी थी। चीफ़ ने तंबीह की।*

"तुम अपने गाँव वापस मत जाना, वहाँ पुलिस का कड़ा पहरा है। इंस्पेक्टर वोहरा याद है?"

"हाँ...!"

"तुम्हारा गाँव उसी के अंडर में है।"

"और जसवंत..?"

"वोहरा ने उसको दोबारा अन्दर कर दिया है।"

*एक बार फिर कृपाल के चेहरे का रंग उड़ गया। कांपती हुई आवाज़ में बोला।*

"मुझे जाना चाहिये, बीजी और वीरां अकेले होंगे।"

"तुम उनकी फ़िक्र मत करो। मेरी निगरानी में हैं। और तुम्हारे दादा भी उनके साथ हैं।"

"और जसवंत मेरे लिये...पुलिस उसकी हड्डी पसली एक कर देगी।"

"और तुम्हारी? तुम्हें छोड़ देगी?"

"क्या करेगी? मार डालेगी ना?"

"पुलिस नहीं मारेगी! जितया को पुलिस ने नहीं मारा था। तुम पंजाब छोड़ कर हिमाचल चले जाओ।"

"सनातन कहाँ है?"

"पते नहीं पूछा करते पुत्तर। न याद रखे जाते हैं। हम लोग लव लेटर नहीं लिखते। तुम हिमाचल चले जाओ, वहाँ एक काम है। एक मिशन। वहाँ 'मनी किरण' में तुम्हें कोई मिल जायेगा।"

## 35.

*पहाड़ों में घिरा एक घर...चारों तरफ़ बर्फ़ जमी हुई थी। एक गडरिया, नानू चाचा। चराने के लिये भेड़ें निकाल रहा था। कृपाल की आवाज़ सुनाई दी।*

''नानू चाचा...''

''हाँ...हाँ, मेरी भेड़ों का वक़्त हो गया है। मैं जा रहा हूँ। बर्फ़ थम गई है, तू भी निकल जा।''

*कृपाल बरामदे में आया।*

''जयमल वग़ैरा गये सब?''

''वज़ीरा तो यहीं है।''

''नानू चाचा मेरी गन कहाँ है?''

''वो ले गया होगा जयमल सिंह। रात को बाहर रख कर सो गया था तू।''

''हाँ वही होगा। सनातन को बोल देगा तो ख़्वामख़्वाह परेड हो जायेगी मेरी।''

''अरे सनातन तो कब का गैराज जा चुका होगा... मैं जा रहा हूँ।''

## 36.

*कृपाल गुरुद्वारे से प्रसाद लेकर सनातन के पास आया। गैराज में! वो किसी कार की वेल्डिंग कर रहा था।*

''सतसिरी अकाल सरजी।''

''सतसिरी भाई।''

''प्रसाद जी।''

''हूँ...गुरुद्वारे से आ रहे हो? मुँह में डाल दो। कहाँ थे रात भर तुम लोग...?''

"नानू चाचा के यहाँ गये थे, सोचा था आप भी आयेंगे वहाँ पे।"

"मैं तो कल रात देर तक यही काम कर रहा था।"

"कोई ख़बर आई कमन्डर से?"

"किस बात की...?"

"कोई मिशन है न यहाँ? क्या मिशन है जिसके लिये हमें यहाँ भेजा गया था।"

*सनातन ने सर्गोशी के लहजे में कहा।*

"अभी तक तो मुझे भी ख़बर नहीं है। कोई छट्टा आदमी आयेगा। कोई मिसाइल शूटर है।"

"मिसाइल कहाँ है?"

"आ जायेगी।"

*कृपाल का लहजा बदला।*

"सरजी एक जॉब मिल रहा है मुझे, यहाँ स्कूल में। कर लूँ?"

"पागल हो गये हो? सब अख़बारों में तुम्हारी तस्वीरें छप चुकी हैं।"

*और मज़ाक़न कहा।*

"अब तुम एक बड़े अतंकवादी हो। बड़े बड़े पुलिस आफ़ीसर की परमोशन का ज़रिया बन चुके हो। आज कल पुलिस वालों को बड़ी जल्दी जल्दी परमोशन मिल रही है।"

"वो कैसे?"

"किसी को भी मार कर इन्काउन्टर बना देते हैं। बड़ी सी फ़ाईल तैयार हो जाती है। न कोई देखता है, न पहचानता है। शनाख़्त दरज हो जाती है। परमोशन मिल जाती है। दी होल ब्लडी सिस्टम इज़ फ़ेक। मोकरी ऑफ़ डेमोक्रेसी!"

"सरजी, अगर लोगों की चलती नहीं, तो डेमोक्रेसी किस काम की? क्या लोग कुछ नहीं कर सकते?"

"सीली तीलियों से कोई इन्क़लाब नहीं भड़कता..."

"तीलियाँ...?"

"माचिस की तीलियाँ! जो चिराग़ भी जलाती हैं। चितायें भी। तीलियाँ अगर सील जायें तो एक एक को फूँक फूँक के जलाना पड़ता है।"

*सनातन फिर अपने काम में लग गया...और किसी को बुला कर कहा।*

"जटा..."

*और उस आदमी ने माचिस की तीली लेकर गैस सिलींडर का पाईप जलाया।*

## 37.

*कुलदीप मोटर साईकल में दूध के डिब्बे रख के जा रहा था। तभी पुलिस चैक नाके पर पुलिस वाले ने रोक कर पूछा।*

"क्या है भाई इस में...?"

"दूध है।"

"किस का?"

"भैंस का।"

*दूसरे सिपाही ने जो सो रहा था। करवट ले कर कहा।*

"इस का ये मतलब है भाई। है किस का? तेरा ही है ना?"

"हाँ!"

"तो एक गिलास दूध दे दे यार। चाय को बैठे थे। अपना दूध फट गया।"

"नहीं, नहीं भाई। मेरा नहीं है किसी और का है।"

*सिपाही उठ कर उसके पास आ गया।*

"अरे तो एक गिलास से तेरा क्या जायेगा? ब्यास में से पानी मिला लीजियो।"

"नहीं, साहब अब..."

"ये सोलडर क्यूँ कर रखा है?"

"वो...वो इस लिये के..."

"खोल के दिखा...खोल के दिखा तो।"

*यकलख़्त कुलदीप डर गया। और तेज़ी से रुकावट के ड्रम गिराता हुआ, मोटर साईकल निकाल कर ले गया। दूसरा सिपाही उठ कर बैठ गया।*

"कोई गड़बड़ लगती है भाई, फ़ोन घूमा जल्दी से।"

"नम्बर क्या है...? गाड़ी का?"

"पंजाब की गाड़ी है। पी.यू.एफ़. 621।"

*कुलदीप मोटर साईकल भगाता हुआ गलियों सड़कों से होता हुआ दरयाये ब्यास के पुल पर निकल आया। पुल पर उसको पुलिस खड़ी नज़र आई। वो घबरा के पीछे मुड़ा, पुलिस वालों ने गोली चला दी। कुलदीप मोटर साईकल समेत नदी में कूद गया...और मोटर साईकल की टंकी फट गई और दरया पर दूर तक आग लगे पेट्रोल की सतह तैरती चली गई।*

## 38.

*एक हवलदार अपने बड़े ऑफ़ीसर को फ़ोन से ख़बर कर रहा था।*

"जी कोई मिसाइल के छर्रे जैसा सामान मिला है। जी, जी लगता है लीहा की तरफ़ से आ रहा था, और पंजाब में जा रहा था शायद...जी गाड़ी का नम्बर तो पंजाब का ही था...जी, हम ने जो है मोटर

साईकल को ब्यास दरया से निकाल लिया। अब आदमी तो पता नहीं। डूब गया कि बह गया, पर तलाश जारी है।''

## 39.

*कुलदीप अड्डे पर साथियों के साथ बैठा था। उसकी चोटों पर दवा लगाई जा रही थी। और वो बता रहा था।*

''और इधर आने की बजाय, मैं उलटा भाग लिया कटरायें की तरफ़।''

*सनातन ने कहा।*

''ओये मोटर साईकल किसी भी गली में छोड़ कर गुम हो जाना था।''

*दोस्त कुलदीप को दवा लगा रहे थे, दर्द हुआ।*

''ऊ...म...मैं किया हुआ...मैं डर गया था पाहजी।''

*सब चुपचाप एक दूसरे को देख रहे थे। चेहरे पढ़ रहे थे। पहली बार ख़तरा इतने क़रीब नज़र आया। कुलदीप कह रहा था।*

''गोली चलते ही ऐसे लगा, बस आज कहानी ख़त्म हो गई।''

*कुलदीप के होंट बार बार सूख रहे थे।*

''गोली के साथ ही मांस का टुकड़ा निकल गया। अच्छा हुआ टांग में नहीं गई।''

*सनातन ने तंबीह की।*

''सब घर के बाहर सोना। दूर दूर यू नेवर नो...कोई सुराग़ मिल गया तो घर पर छापा मार सकते हैं।''

*कृपाल ने तशवीश जताई।*

''जो सामान पड़ा है, अन्दर उसे नानू के यहाँ डाल दें।''

“ले जाने में ख़तरा है। कृपाल तुम यहाँ ख़्याल रखो, मैं ज़रा आस पास देख कर आता हूँ।”

*सनातन उठ कर घर से बाहर की तरफ़ गया।*

*कुलदीप ने सनातन को बुलाया।*

“पाहजी!”

*वो कुछ कहना चाहता था। लेकिन सनातन निकल गया था।*

## 40.

*रात का वक़्त था। शाम के हादसे ने सब को चौंका दिया था। सब अलग अलग घर से दूर बैठे थे और घर पर नज़र रखे हुए थे और ख़ामोश थे। वज़ीरा धीमे धीमे रबाब बजा रहा था। सनातन एक पेड़ से टेक लगाये बैठा था। कुलदीप धीरे धीरे खिसकता हुआ सनातन के पास आया।*

“पाहजी...”

“क्या हुआ?”

“पाहजी! मुझे वापस भेज दो पाहजी!”

“कहाँ...?”

“पाहजी मैं गाँव जाऊँगा, वहाँ से कैनेडा चला जाऊँगा।”

“उल्लू के पट्ठे, ये भागने का वक़्त है?”

“पाहजी मैं डर गया हूँ। धरम से! पाहजी दूर से बड़ा थिर्लिंग लगता था। लेकिन मौत से कभी मेरी आँखें नहीं मिली थी, पाहजी प्लीज़ मुझे वापस भेज दो।”

*कुलदीप के आँसू निकल आये...कुछ सोच कर सनातन ने कहा।*

''पता है तुम हम सबकी मौत की वजह बन सकते हो?''

''नहीं पाहजी! मेरा पासपोर्ट, वीज़ा, सब तैयार था, जब मैं...''

''गया क्यूँ नहीं...?''

''पुलिस चौकी पर मेरी पगड़ी उतरवा कर तलाशी ली थी, उन्होंने। बस! वहीं मेरा सर घूम गया था।''

*कुछ देर ख़ामोशी रही। सनातन देर तक उसे देखता रहा। कितना कमसिन था। कितना कमसमझ! दूर एक पत्थर पे बैठा, वज़ीरा रबाब के सुर छेड़ रहा था।*

## 41.

*दूसरे दिन सुबह सुबह कृपाल हाथ में, एक अख़बार लिये हुए...सनातन के पास आया जो दूर पेड़ की छाँव में बैठा कोई किताब पढ़ रहा था। पेपर दिखाते हुए कृपाल ने कहा।*

''सर जी, ये देखिये। ये ख़बर पढ़ी आप ने...?''

*एक बार अख़बार को देख कर सनातन बोला।*

''हाँ चौदह हिंदू चुन कर बस से निकाले गये, और भून के छल्लियों की तरह सड़क के किनारे फेंक दिये गये। मैं इन सियासत वालों के झांसे में आने वाला नहीं हूँ। ये किया नहीं जाता, करवाया जाता है। और जो लोग ये करवाते हैं उनका धर्म से दूर दूर का लेना देना नहीं होता। वो सिर्फ़

अपनी वोटों का हिसाब करते हैं। वो बाँटते रहेंगे और हम बँटते रहेंगे। एक बटवारा करवाना चाहते हैं। हिंदू, सिख कह के, कितने टुकड़े करेंगे हमारे...''

*कृपाल सुन कर सकते में आ गया। ये सियासत-दान कैसे कैसे पैंतरे चलते हैं। कृपाल सनातन को देखता रहा, और वो समझता रहा उनके तरीक़े।*

''जिनके हाड़ माँस पर उगा हूँ मैं, जिनके शरीर का हिस्सा हूँ मैं, अगर वो मुझे काट कर फेंक देंगे तो उनका शरीर नहीं कटेगा क्या? मेरा बाप, मेरा दादा, मेरा पड़दादा सब की शादियाँ गुरुद्वारे में हुई थीं। मेरा बड़ा भाई, पहला बेटा घर का, सरदार था। तो फिर मैं कौन हूँ...?''

''कहाँ हैं वो भाई आपके? कहाँ हैं वो सब, घर वाले..?''

*सनातन ने एक वक़्फ़ा लिया और नज़र हटाते हुए भर्राई आवाज़ में कहा।*

''आधे सैंतालीस ने खा लिये थे, आधे चौरासी खा गया...''

*सनातन की आँखें भर आईं। सनातन खड़ा हो गया। उसी वक़्त कुलदीप आया और सनातन के पैर छुये।*

''पैरी पूना, पाहजी!''

''जीते रहो।''

*कुलदीप टांग को दिखा कर बोला।*

''पाहजी ये ज़ख़्म मेरा ठीक हो गया है। बस निशान जैसा रह गया। अब चला जाऊं...? गाँव...?''

*कुछ सोच कर सनातन ने कहा।*

"कल सुंदर नगर मैं पहुँचा दूँगा तुझे वहाँ कुलबीर की दुकान से साईकल मिल जायेगी। अन्दर अन्दर के रास्ते से निकल जाना।"

*सनातन ये कहकर वहाँ से चला गया। कृपाल ने ख़ुशी से हाथ मिलाया कुलदीप से।*

"गुडलक टू यू दोस्त...वी आर गोईंग टू मिस्स यू अ लॉट यार!"

## 42.

*वज़ीरा जिसका ज़िम्मा हमेशा खाने बनाने का रहता था। आज भी वही कर रहा था। नाक से रेशा बह रहा था और साथ साथ गुनगुना रहा था।*

"बड़ी मुद्दत के बाद अपने घर लौट रहा है कुलदीप।"

*कृपाल दाख़िल हुआ।*

"क्यूँ भाई कौन लौट रहा है। किस के लिये नाक बज रही है आपकी?"

"वही कुलदीप यार, था तो भी तंग किया करता था। नहीं है अब तो भी तंग कर रहा है। बड़ा याद आ रहा है यार।"

"अब तक तो घर भी पहुँच गया होगा शायद।"

"हाँ अभी अभी अभी, घन्टी बजायी ट्रन और साईकल मोड़ा गाँव की तरफ़। खुली हवा खेतों में सरसों की महक और पीले पीले तितलियों जैसे फूल।"

*वज़ीरा की आवाज़ जैसे कुलदीप तक पहुंच गई। उसने साईकल गाँव की तरफ़ मोड़ लिया। और सरसों के खेतों से रास्ता काटा। कि*

*अचानक साईकल के अन्दर लगा टाईम बम फटा, और वहीं आग के शोले में साईकल समेत ढेर हो गया।*

**43.**

*सनातन चीफ़ के साथ ट्रक में चला जा रहा था।*

*सनातन ने अपनी घड़ी देखी, चीफ़ ने पूछा।*

"वक़्त क्या हुआ है?"

"हो गया।"

*दोनों ने नज़र मिलाई और चुप हो गये। चीफ़ ने फिर ख़ामोशी तोड़ी।*

"तेरह मार्च को केदारनाथ आ रहा है।"

"कौन केदारनाथ?"

"वही चौरासी के दंगों वाला। एम.पी. था, अब मिनिस्टर हो गया है।"

"ये वही केदारनाथ था, जिस पर जिम्मी ने हमला किया था दिल्ली में और वो बच गया था।"

"हाँ मिनिस्टर बनने के बाद 'मनी किरण' साहब माथा टेकने आ रहा है। ड्रामेबाज़ हैं सब के सब। ऐक्टिंग करते रहते हैं। 'मनी किरण' जाने के लिये उसे पुल पार करना पड़ेगा, आईडियल लोकेशन है... उसे उड़ाने के लिये। शायद उसकी कार बुलेट प्रूफ़ हो, इस लिये मिसाइल का इन्तेज़ाम किया है। मिसाइल शूटर का भी!"

"कब आयेगा मिसाइल शूटर?"

"है! पीछे ट्रक में। मैं तुमको मन्डी में उतार दूँगा। वहाँ से तुम अपने आप संभाल लेना।"

*सनातन ने एक लम्बी सांस ली।*

## 44.

*कृपाल लकड़ी की सीढ़ियाँ चढ़ के जयमल के पास आया जो बरामदे में बैठा बर्फ़ से ढकी वादियों को देख रहा था।*

"ओये जयमल यहाँ बैठा क्या कर रहा है? कब से देख रहा हूँ तुझे। क्या सोच रहा है तू?"

"माँ को यार बर्फ़ बहुत पसन्द थी। कई बार कहा करती थी। सुबह से बहुत याद आ रही है माँ की।"

"तो जाके मिल क्यूँ नहीं आता उन्हें...?"

"फिर भागना पड़ेगा। फिर दुख होगा। फिर सहना पड़ेगा माँ को।"

*कृपाल ने कन्धे पर हाथ रखा।*

"तू बताता क्यूँ नहीं? किसे मार कर भागा था तू?"

*जयमल ने एक लम्बा वक़्फ़ा लिया। कृपाल पास ही बैठा गया। पता नहीं कैसे आज जयमल ने कहना शुरू किया।*

"चौरासी के दंगों में दारजी, उन्हीं की पगड़ी से बाँध कर, जलता हुआ टायर उनके गले में डाल कर भस्म कर दिया था, लोगों ने। और मेरी माँ ने ना, मुझे घर में बंद कर दिया था। क्यूँ कि मैं बचाने जाना चाहता था उन्हें। वो फूल आज तक रखे हैं मेरी माँ के पास। उसने बहाये नहीं। कुछ दिनों के बाद, जब मैं कॉलेज जाने लगा, मैं फर्स्ट इयर में था, तो मेरी माँ ने ज़बर्दस्ती पकड़ कर मेरे बाल काट दिये। पता है कॉलेज में मेरे दोस्तों को बहुत बुरा लगा था। बेचारे गिल्टी फ़ील करने लगे थे। सिखों पे जोक सुनाने छोड़ दिये थे उन्होंने। लेकिन मेरी माँ रात को आ कर मेरे सिर्हाने बैठ जाती थी, फिर बालों में हाथ फेरती रहती, और रोती रहती थी।"

*वो मन्ज़र एक बार फिर जयमल की आँखों से गुज़र गया। जयमल सो रहा था। माँ उसके बालों में हाथ फेर रही थी। और जयमल कृपाल से कह रहा था।*

"सारी सारी रात, जपजी साहब का पाठ करती रहती थी।"

"लेकिन मारा किसे? ख़ून किसका किया तुमने...?"

"एक एम.पी. था, हमारी सुसाईटी में, मैंने उसे भीड़ से भागते हुए देखा था। दारजी ने बहुत आवाज़ें दी थीं उसे लेकिन वो घर में जाकर छुप गया था। आग उसी ने लगाई थी। मैं दारजी की कृपान अपनी किताबों में छुपा कर ले जाता था। एक दिन लिफ़्ट में मिल गया मुझे। मैंने वो कृपान उसके पेट में घूंप दी।"

*वह मन्ज़र भी जयमल की आँखों में अब तक ज़िन्दा था।*

*लिफ़्ट में जयमल ने कृपान केदारनाथ के पेट में घूंप दी। वो वहीं ढेर हो गया। कपड़े ख़ून से लथपथ हो गये। कृपाल कुछ याद कर के बोल पड़ा।*

"ओये तू केदारनाथ एम.पी. की बात कर रहा है क्या...?"

"हाँ!..."

"लेकिन वो तो..."

*ये कहते कहते कृपाल खड़ा हो गया। कुछ सोचते हुए।*

"ओये तू जिम्मी है क्या...?"

"हाँ...वहाँ जिम्मी ही बुलाते थे मुझे।"

*कृपाल के अलमिये की शुरूआत इसी नाम से हुई थी।*

"क्या हुआ पाली..?"

*कृपाल ने जयमल को अपने सीने से लगा लिया।*

"बाबे की मरज़ी का कुछ पता नहीं चलता।"

## 45.

*वही लकड़ी का बना मकान, अच्छी ख़ासी ठंड थी। सनातन हाथों में दस्ताने पहने हुए...वज़ीरा चाय बना कर सनातन के पास आया...तो सनातन ने ठिठरते हुए कहा।*

"फिर से बर्फ़ पड़ गई।"

"अचानक ही मौसम ख़राब हो जाते हैं यहाँ।"

*उसी वक़्त कृपाल और जयमल घर में दाख़िल हुए पहले कृपाल ने आकर सनातन के पैर छुये।*

"सतसिरी अकाल सरजी!"

"सतसिरी अकाल!"

"पैरीपूना पाहजी।"

"जीते रहो।"

*जयमल ने कहा।*

"कुलदीप को पहुँचा आये...?"

*सनातन ने नज़र हटाते हुए कहा।*

"हाँ! पहुँच गया।"

*कृपाल ने पूछा।*

"और किसी से मिले आप...?"

"कमान्डर से मिला।"

"कब आ रहा है हमारा फ़िफ़्थ मैन! अब तो पाँचवां पांडो ही कहेंगे ना। कुलदीप तो है नहीं। कब आ रहा है मिसाइल शूटर...?"

"आ गया।"

"जी...?"

"पहुँच गया।"

"कहाँ है?"

"बाहर है। वीरेन्द्र।"

"जी...?"

*साथ ही सनातन ने आवाज़ लगाई।*

"वीरेन्द्र...!"

*एक निस्वानी आवाज़ आई। "जी" और साथ ही वीरां कमरे में दाख़िल हुई।*

*वीरां ही मिसाइल शूटर थी। वो आई तो कृपाल के होश उड़ गये। बस वो देखता रह गया। वीरां भी उसे देखती रह गई। दोनों ने एक दूसरे को पहचान लिया था। सनातन हैरत से दोनों को देख रहा था। वो खड़ा हो गया। सनातन समझ गया वीरेन्द्र ही वीरां थी, कृपाल की।*

"वीरेन्द्र!...वीरां तुम ही कृपाल की वीरां हो?"

*कोई जवाब न पाकर सनातन आहिस्ता से कमरे से निकल गया। उसके पीछे जयमल और वज़ीरा भी चले गये। कमरे में सिर्फ़ कृपाल और वीरां रह गये थे। कृपाल के होंट कपकपा रहे थे। पास की दीवार पर सर मार कर रोने लगा... वीरां भी अपने को नहीं रोक पाई और कृपाल की पीठ पर सर रखकर हिचकियाँ लेने लगी। वक़्त ने कहाँ लाकर खड़ा कर दिया दोनों को।*

## 46.

*घर का माहौल बदल गया। वीरां किचन में खाना परोस रही थी। पास ही सनातन खाना खा रहा था। दो थालियों में खाना निकाल कर जयमल और वज़ीरा के पास आई...जयमल ने पूछ लिया।*

"पाली कहाँ है...?"

"वो बाहर हैं, बाद में खा लेंगे।"

"आज हमारे साथ क्यूँ नहीं...?"

"चुप ओये।" सनातन ने डाँट दिया।

*वज़ीरा ने कहा।*

"भाभी आप भी खालो।"

"आप खा लो वीरजी, मैं उन्हीं के साथ खालूंगी।"

*वीरां रोटी लेकर सनातन के पास आई तो सनातन ने मना कर दिया।*

"ऊ...बस!"

*वो जाने लगी तो...सनातन ने उसे फिर से बुलाया।*

"वीरां!..."

"जी।"

"मैं ऐसे ही बुला लूँ तुझे, वीरां...?"

"घर में तो बस ऐसे ही बुलाते थे। छोटे बड़े।"

"मन्डी से यहाँ तक बताया नहीं तूने कि तू वीरां है? हमारे कृपाल की वीरां!"

"मुझे पता नहीं था वो यहाँ हैं। मुझे नहीं बताया गया था। ट्रेनिंग कैम्प से उठा कर सीधा यहाँ भेज दिया।"

"अब इसे ही अपना घर समझो! ये जगह वैसे तुम्हारे लिये नहीं थी। पर अब है तो क्या करें...?" पास बैठे वज़ीरा और जयमल को दिखा कर सनातन ने कहा।

"ये दोनों छोटे देवर हैं तुम्हारे। मैं बड़ा हूँ घर में। कृपाल को संभाल लेना, शाम से सुन्न बैठा है।"

"जी!"

*वीरां किचन की तरफ़ चली गई।*

## 47.

*रात में बर्फ़ से बहता पानी तो दिखाई नहीं दे रहा था। लेकिन उसकी आवाज़ बता रही थी, दरया बह रहा है। एक किनारे पत्थरों पर बैठा कृपाल अब तक सहमा हुआ था। वीरां खाना लेकर आई।*

"खाना खालो।"

"तू ने खा लिया?" कृपाल की आवाज़ बड़ी मद्धम थी।

"खालूंगी।"

"बैठ, तू भी खाले मेरे साथ।"

*वीरां वहीं बैठ गई। कृपाल ने थाल बढ़ाई।*

"ले..खा..."

"तुम खाओ।"

*खाते हुए...कृपाल ने घर वालों का हाल पूछना शुरू किया।*

"बीजी कैसी हैं?"

*एक चुप्पी के बाद वीरां बोली।*

"वो नहीं रहीं।"

"बीजी!...क्या हुआ...?"

"जस्सी पाहजी को दोबारा पकड़ के ले गये थे। पता है ना?"

"पता चला पर..."

"बस! वही बर्दाशत नहीं हुआ उनसे।"

*कृपाल ने आह भरी।*

"बताओ किसी का क्या बिगाड़ा था हमने, जो हमें नर्क में धकेल दिया? सारा घर उजड़ गया...जस्सी का क्या हाल है?"

*जवाब न पाकर ख़ुद ही कृपाल बोल पड़ा।*

"जो हाल होगा उसका, वो तो जानता हूँ मैं, और कोई ख़बर उसकी...?"

*वीरां ने हलका सा वक़्फ़ा लिया और कहा।*

"खाना तो खालो।"

"कोई मिलने गया था उससे? तू मिलने गई थी?"

*ये सुनकर वीरां की आँखें भर आईं। कुछ बोली नहीं। कृपाल को कुछ शक हुआ।*

"क्या हुआ उसे? बोलती क्यूँ नहीं? क्या हुआ जस्सी को? हैं...?" और फिर थाली दूर फेंक दी चीख़ पड़ा।

"बोलती क्यूँ नहीं क्या हुआ जस्सी को?"

*उसकी चीख़ सुनकर घर में जयमल और वज़ीरा जाग पड़े। सनातन जो कुछ पढ़ रहा था, खिड़की की तरफ़ देखने लगा। जयमल को सनातन ने सो जाने का इशारा किया। वीरां कह रही थी।*

"गई थी एक बार। उनसे मिलने गई थी। बहुत टॉर्चर किया था पुलिस ने। शकल से तो नहीं पता चलता था, पर जब उठने की कोशिश की तो दोहरे हो गये।"

*कृपाल बिलक कर रो पड़ा।*

"सीधा खड़ा नहीं हुआ जाता था उनसे। कहते हैं बहुत अन्दरूनी मार मारी थी पुलिस ने। फिर सुना कि उनकी बर्दाश्त टूट गई, और जेल के कुएँ में कूद कर ख़ुदकुशी कर ली।"

*कहते कहते वीरां की भी घिग्गी बँध गई।*

*फ्लैश बैक :*

*सिर्फ़ सोच ही सकती थी, कुएँ में कैसे गिरे होंगे। कैसे उनकी लाश निकाली गई होगी।*

*वीरां ने आँसू पोछे। कृपाल सुन रहा था।*

"फिर इकली क्या करती? जानते हो न जो हाल होता है औरतों का, जब इकली हों तो? इंस्पेक्टर था वोहरा। रोज़ रोज़ घर के चक्कर लगाया करता था। तुम्हारे बारे में पूछता था। बस एक दिन दादाजी को घर भेज कर, मैं निकल आई और तुम्हारे क़दम चुनती चुनती यहाँ पहुँच गई।"

*कृपाल ने अपना सर, वीरां के घुटने पर रख दिया...और ख़ामोशी से आँखें बन्द कर ली। वीरां उस के बालों को सहलाती रही। दरया उनके पहलू से लग कर बहता रहा।*

## 48.

*वीरां ने जंगल में एक घर बसा दिया। नदी से कपड़े धो कर आई। और कपड़ों को डालने के लिये वीरां ने पाली को बुलाया।*

"पाली, प..."

"क्या हुआ?"

"ये रस्सी बाँध दो। कपड़े सुखाने हैं।"

"कहाँ बाँधूँ?"

फिर इधर उधर देख कर बोला।

"ठहरो...उधर बाँधते हैं। ये सिरा खींच कर ज़ोर से टाईट पकड़ ले।"

*अचानक कृपाल ने वीरां ने गले में पड़ा कुछ देख कर पूछा।*

"वीरां ये काला धागा क्या है तेरे गले में?"

*वीरां ने ज़ेरेलब जवाब दिया।*

"ये मेरा मंगलसूत्र है समझ लो।"

## 49.

*पहाड़ों में रात बहुत घनी नहीं होती। छदरी छदरी सी होती है। घर के अन्दर सभी सो रहे थे। बाहर वज़ीरा बैठा पहरा दे रहा था। अन्दर वीरां भी थी, पर उसकी आँखों में नींद नहीं थी। थोड़ी देर बाद सनातन उठा और वज़ीरा के पास आया।*

"वज़ीरे...!"

"हूँ..."

"तुम जाओ सो जाओ अन्दर जाके। मैं बैठता हूँ पहरे पर।"

*वज़ीरा घर में आया। और अपने बिस्तर में सो गया। वीरां की आँखों में नींद नहीं थी। पास ही कृपाल भी सो रहा था। वीरां ने अपना तकिया और लिहाफ़ उठाया और घर के पीछे बरामदे में चली गई। थोड़ी देर बाद कृपाल भी वहाँ आ गया।*

"यहाँ क्यूँ चली आई? इतने सारे मर्दों के बीच सोते हुए अक्वर्ड लग रहा था ना?"

"तुम्हारे सामने इस तरह सोते हुए बहुत अक्वर्ड लग रहा था।"

"इसीलिये चली आई बाहर? ठंड में मरने?"

*कृपाल ने अपना कम्बल भी ओढ़ा दिया उसपर। उसकी नाक भी सुड़क सुड़क कर रही थी। वीरां ने पूछा।*

"ज़ुकाम हो गया है तुम्हें?"

"तुम्हें भी तो?"

"मुझे तो तुम से लगा।"

*वीरां कृपाल से लिपट कर सो गई।*

## 50.

*अगली सुबह बाहर धूप खिली हुई थी। कृपाल धूप सेंक रहा था। जब वीरां शाल ओढ़े अन्दर से कृपाल के पास आई।*

"बहुत ठंड है नां?"

"हूँ..."

"देखो बात करो तो कैसे मुँह से धुआं निकलता है।"

*वीरां गिलास से चाय पी रही थी। और बार बार मुँह से भाप निकाल रही थी। कृपाल ने कहा।*

"देखें तो सही तेरा मंगलसूत्र। किस के साथ ब्याह हुआ तेरा?"

*ये कहते हुए उसके गले से काला धागा खींच लिया। और कैप्सूल देखकर हैरान रह गया।*

"सायेनाइट के साथ? चुड़ैल..."

"तुम्हें क्या लगा? मैं ब्याह कर लूंगी?"

"अरे, इस से तो हमारा भी ब्याह हुआ है। ये देख हमारा मंगलसूत्र।"

*कृपाल ने भी अपने गले में वैसा ही कैप्सूल दिखाया। वीरां ने बग़ौर देखा तो बोला।*

"क्या हुआ? जल गई, आ...?"

"जले मेरी सौत।"

"सौत या मौत?...हू, हू।"

*कृपाल वीरां के बालों को सहलाते हुए बोला।*

"वीरां..."

"ऊं..."

"तेरे बग़ैर मरना कितना आसान था। तूने कितना मुश्किल कर दिया। अब जीने को जी चाहता है। सच!"

*और वीरां को बाहों में बाँध लिया।*

## 51.

*बर्फ़ीली वादियाँ, उस में बहती हवा ठंडा दरयाये ब्यास,! किनारे बैठी...वीरां!*

*पानी, पानी रे, खारे पानी रे*
*नैनों में भर जा, नींदें ख़ाली कर जा...*

*पानी पानी इन पहाड़ों की ढलानों से उतर जाना*
*धुआँ धुआँ कुछ वादियाँ भी आएँगी, गुज़र जाना*
*इक गाँव आएगा, मेरा घर आएगा*
*जा मेरे घर जा, नींदें ख़ाली कर जा*

*कृपाल आया और वीरां को गुनगुनाते देख कर खड़ा हो गया।*

*ये रूदाली जैसी रातें जगरातों में बिता देना*
*मेरी आँखों में जो बोले मीठे पाखी तो उड़ा देना*
*बर्फ़ों में लगे मौसम पिघले, मौसम हरे कर जा*

*कृपाल खड़ा सुनता रहा...पास बहती हुए बर्फ़ीले ब्यास की कुलकुल उसकी आवाज़ से अपनी आवाज़ मिला रही थी।*

## 52.

*किचन में बैठी वीरां, एक गिलास में गर्म पानी लेकर सनातन के पास आई और देते हुए बोली।*

"पानी पीने के लिये थोड़ा गुनगुन कर दिया है।"

*वज़ीरा हाथों को रगड़ कर गर्म कर रहा था।*

"भाभी!"

"हूँ..."

"नाश्ते में क्या बनाया है आज?"

*सनातन ने जवाब दिया।*

"हलवा है भाई! तेरी तो ऐश हो गई, किचन से छुट्टी मिल गई और ऊपर से घर का खाना मिलने लगा।"

*सनातन जूठे बर्तन उठा कर, किचन में आया और पूछने लगा।*

"ये बर्तन?"

"आप वहीं रख दें। मैं धो लूँगी।"

“वीरां...?”

“जी..?”

“जब से तू आई है सारा दिन घर की चिन्ता लगी रहती है। पहले सिर्फ़ लड़के थे, चिन्ता नहीं होती थी।”

*वीरां सनातन की बात सुन रही थी। नाश्ता निकाल कर वज़ीरा को दिया और कहने लगी।*

“आप मेरी फ़िक्र न करें, मैं घर भी संभाल सकती हूँ। और जो काम करने के लिये आई हूँ, वो भी संभाल सकती हूँ। कोई टैस्ट लेना है मेरा?”

“टैस्ट तो अब उसी रोज़ होगा, बहुत दूर नहीं है। जान की बाज़ी लगने वाली है। पता नहीं हम में कौन बचता है, कौन जाता है?”

*वज़ीरा बोला।*

“मैं तो सब को ख़ुदा हाफ़िज़ कह कर निकलूंगा।”

*सनातन मुस्कुराया।*

“ये उसकी तरफ़ की बोली बोलता है। उस पार गया था, ट्रेनिंग के लिये। और वहाँ एक नफ़ीसा के चक्कर में पड़ गया।”

“सर! वॉट डू यू मीन चक्कर?”

“ओह सॉरी भाई, जी नहीं नफ़ीसा जी के इशक़ में मुबतेला हो गये।”

*वीरा हंस पड़ी।*

“अब दिल तो आख़िर दिल है। सब जगह एक ही जैसा धड़कता है। अब उनकी याद में ये ग़ज़लें लिखता रहता है, और गाता रहता है।”

"बस हर वक़्त मेरी टांग खींचते हो, आप भी तो अपनी गुरनाम कौर को नहीं भूले अब तक!"

*एक पल में सनातन का पारा चढ़ गया।*

"शटअप!"

*यकलख़्त माहौल पे चुप लग गई। वज़ीरा धीरे से बाहर की तरफ़ निकल गया। सनातन ने पूछा।*

"कृपाल कहाँ है?"

"जी, नानू से मिलने गये हैं।"

*वज़ीरा सीढ़ियों के पास ही खड़ा था। सनातन ने बाहर निकलते हुए कहा।*

"वीरां इकली है। घर पर ही रहना।"

*सनातन चला गया तो वीरां वज़ीरा के पास आई।*

"वीरजी नाराज़ नहीं हुआ करते। मज़ाक़ ही तो कर रहे थे। वैसे ये नफ़ीसा है कौन?"

"भाभी आप भी शुरू हो गईं?"

"अरे भाभी देवर में कुछ छुपा थोड़ी रहता है। मुझे बता दे ला देती हूँ।"

"वो...वो उस तरफ़ है भाभी। बड़ी सुरीली थी। कुरआन की तिलावत करती थी तो...सुन के जी चाहता था। मुसलमान हो जाऊँ..."

*वीरां हंस पड़ी।*

"तो वापस क्यूँ आ गये? वहीं रह जाते। धरम से क्या होता है। और दिल से बड़ा कौन सा धर्म होता है?"

"लोगों ने मुझे बहुत मारा भाभी। जान से ही मार डालते लेकिन नफ़ीसा ने निकलवा दिया। ये..."

*वज़ीर ने अपने बाजू में बँधे हुए तावीज़ को दिखाया।*

"ये देखिये इमामे ज़ामिन उसी का है।"

वीरां उस तावीज़ को देखती रही, उसकी आँखें भर आईं।

## 53.

*नानू चाचा नदी के पुल पर अपनी बकरियाँ ले जा रहे थे। कृपाल उनसे मिला।*

"ओये पाली! तू यहाँ खड़ा क्या कर रहा है?.."

"तुझे ही मिलने आया था चाचा।"

"हूं...चल हुर्श...अररा..."

"तेरी भेड़ें तो बड़ी एक्सपर्ट हैं। एक बार अररा कहा सब चढ़ गईं पुल पर...एक के बाद एक।"

"मशक़ करा दी है। दिन में दो बार चढ़ना होता है इनका...तू सुना। वीरां का क्या हाल है?"

"मज़े में है। मौत के पास आ गये हैं। लेकिन साथ साथ अच्छा लग रहा है।"

"देखले! चाचा ने कहा था न बाबा सब ठीक कर देगा। अब तू बेशक उससे ब्याह कर ले।"

"ब्याह तो कर ही लेंगे चाचा, अगर उससे न किया तो...इससे तो लिखा..."

*कृपाल ने देखा तो गले के धागे से कैप्सूल ग़ायब था।*

"उससे न किया तो?"

"नहीं मैं कह रहा था अगर न भी किया तो फिर क्या...?" कृपाल ने बहाना किया।

"हुर्श चल!"

## 54.

*कृपाल ने सारा घर खोज डाला। वीरां किचन से एक गिलास में चाय लेकर आई।*

"क्या ढूँढ़ रहे हो?"

"ओये यार एक थी, मेरी व्हुट्टी, गले पड़ी रहती थी। न जाने कहाँ गुम हो गई।"

*कृपाल वही साइनाईट का कैप्सूल खोज रहा था। वीरां ने दोनों को अपने गले डाल दिया था। हंस कर बोली।*

"ऊ...मेरे गले आ पड़ी है ये देखो।"

"ओये तेरी, ये क्या किया तूने?"

"अपने होते, सौत को क्यूँ रहने दूँ तुम्हारे पास?"

छीना झपटी में वीरां की चाय कृपाल पर गिर गई।

"सॉरी! ये तो गिर गई।"

*वीरां कपड़े झाड़ने लगी चाय। कृपाल ने कहा।*

"वीरां चल शादी कर लें। बैंड बाजे तो नहीं होंगे। पटाख़े बहुत हैं। दो चार बम ही छोड़ देंगे। आँ...कल ग्रंथी से बात कर के आऊं?"

"कर लो...यूँ भी सुना है। कुड़ी कँवारी रह जाये तो नर्क में जाती है।"

"क्या...?"

"ऊ...नर्क में जाती है।"

"सुनाई नहीं दिया।"

*वीरां ने चिल्ला कर कहा।*

"नर्क में जाती है। कुड़ी कंवारी रह जाये तो!"

*कृपाल ने वीरां को गले से लगा लिया।*

## 55.

*कृपाल गुरुद्वारे जा रहा था। ग्रंथी से मिलने। बाहर पुलिस का पहरा था—और पास ही पुलिस इंस्पेक्टर वोहरा अपनी फ़ेमिली के साथ खड़ा था। गोद में उसका बेटा था। जिसे कह रहा था।*

"वो जो पहाड़ है न, उसके पीछे तक जायेंगे हम।"

*उसकी पत्नी ने पूछा।*

"कहाँ से जायेंगे..?"

*कृपाल वोहरा को देखकर...उसे पहचान गया। और बड़ी तेज़ी से पलटा घर की तरफ़।*

## 56.

*कृपाल ने बहुत तेज़ी से भागते हुए एक पुल पार किया। इंस्पेक्टर वोहरा, अपनी जीप के पास आया उसकी फ़ेमिली बैठ गई। वो सामने बैठ गया।*

"चलो राम सिंह। अभी घर पहुँच जायेंगे।"

*वोहरा अपनी जीप से चल पड़ा...उसके पीछे उसके गार्ड थे, दूसरी जीप से कुछ पुलिस वाले साथ चल रहे थे। कृपाल ने घर से अपनी बंदूक़ ली और वापस उस तरफ़ भागा। जिस तरफ़ से वोहरा जाने वाला था।*

*वोहरा की जीप तेज़ी से चली आ रही थी। कृपाल पहाड़ियों से कूदता फांदता एक ऐसी जगह पहुँच गया जहाँ से वोहरा पर सही निशाना लगा सकता था। वोहरा अपने परिवार वालों से कह रहा था।*

"गाड़ियाँ तैयार होंगी और आप लोगों का सामान भी! आप लोग फ़ौरन धर्मशाला निकल जाओ। 'दलाई लामा' का आश्रम देख कर आओ।"

*कृपाल तेज़ी से भागता हुआ, एक टीले की आड़ में रुक गया। वहाँ से वो वोहरा पर निशाना ले सकता था। सीधी सड़क थी सामने से आ रही थी। वोहरा जीप में था।*

*कृपाल ने निशाना लिया। दूर से जीप चली आ रही थी...कृपाल ने ट्रेगर पर अपनी ऊँगली रख दी। उसी वक़्त वोहरा ने अपने छोटे बेटे को उठा कर सामने गोद में ले लिया। बच्चे को सामने देख कर कृपाल निशाना नहीं लगा पाया...उसका हाथ रुक गया और जीप निकल गई।*

## 57.

*वोहरा अपने गेस्ट हाऊस पर पहुँचा। एक हवलदार ने दौड़ कर ख़बर दी।*

"साहब फ़ोन है, साहब का।"

"साहब तो मैं हूँ, फ़ोन किस का है?"

"बड़े साहब का। चंडीगढ़ से।"

*कमरे में आकर, वोहरा ने फ़ोन उठाया।*

*"यस, सरजी...जी सब सेफ़ है सर, वैसे भी वादी में ऐसे कोई आसार नहीं हैं। मैंने ख़ुद पूरा बन्दोबस्त चेक किया है। जी...जी...हाँ...बिलकुल मिनिस्टर साहब जब चाहें आ सकते है। सर जी, सिम्मी और बच्चे को धर्मशाला भेज दिया मैंने...'दलाई लामा' का आश्रम देखने। जी हाँ मिल गये तो आशीर्वाद भी ले लेंगे। वो माहौल भी तो देखलें बच्चे...हमारा जो असर पड़ता है,*

*कुछ न कुछ तो डायलूट (dilute)...सर, बंदूक़ों और पिस्तौलों से खेलते हैं। उनके खिलौने भी वैसे ही हो गये हैं। यू आर राईट सर, उनका भी कोई कुसूर नहीं। अब पुलिस ऑफ़ीसर के घर और क्या देखेंगे? जी, जी हाँ। सर!*

'न होती गन अगर हाथों में तो...शायद क़लम होती...!'

*जी, जी हाँ सर, कौन ख़ुश है गोली चला के। एक गुनाह के साथ, आदमी के सात सवाब, भी तो मार देते हैं सर।"*

*वोहरा बात कर रहा था जब खिड़की के पीछे से एक साया नमूदार हुआ।*

"जी सर! मैं पहुँच जाऊँगा, मैं कल ही रिपोर्ट करता हूँ सर।"

*वोहरा ने बात ख़त्म ही, और दूसरे कमरे में चला गया। खिड़की से कृपाल अन्दर आ गया। हाथ में पिस्तौल लिये। वोहरा दूसरे कमरे में आकर अपने लिए ड्रिंक बनाने लगा। एक सिप लेकर कमरे से बाहर निकला। कृपाल दबे पाँव उसका तअकुब कर रहा था। वोहरा बाथरूम में दाख़िल हुआ। यही मौक़ा था। कृपाल दरवाज़े को धक्का देकर अन्दर पहुँच गया। वोहरा दरवाज़े के पीछे छुपा था। वोहरा कृपाल से ज़्यादा चालाक निकला। उसने पैरों की चाप सुन ली थी। दूसरे पल ही वोहरा ने कृपाल को दबोच लिया। एक गोली चली। काँच टूटा पुलिस वाले आ गये और कृपाल को पकड़ लिया।*

"सर...सरजी!"

*कृपाल ने नफ़रत से गाली दी।*

"वोहरा, यू बास्टर्ड..."

वोहरा ने कृपाल को पहचान लिया।

"कृपाल सिंह! ओह हो! ले जाओ इसे..."

*उसने हंस कर आर्डर दिया। पुलिस वाले कृपाल को ले गये।*

## 58.

*पुलिस वालों ने घर को घेर लिया। जहाँ कृपाल अपने साथियों के साथ रहता था। पुलिस वाले चारों तरफ़ से घर की तरफ़ बढ़ रहे थे।*

"गो ऑन!"

*पुलिस वाले घर के अन्दर घुस गये। मगर वहाँ कोई नहीं मिला। मिले तो सिर्फ़ कुछ कपड़े, बर्तन वग़ैरा...एक सिपाही को रसोई के नीचे तहख़ाना मिला, जहाँ से हैंडग्रेनेड निकले। उसने रिपोर्ट की।*

"सर...ये देखिये।"

"बस इतना ही..."

"नहीं और भी हैं सर।"

"ऊपर ले आओ।"

"जी!..."

*वोहरा की नज़र वीरां के कपड़ों पर पड़ी।*

"अच्छा! कोई औरत भी रह रही है उनके साथ।"

*वोहरा सोचने लगा।*

## 59.

*सब के सब एक और .ख़ुफ़िया से मकान में जमा थे। सनातन ग़ुस्से से भरा हुआ था...सनातन ने वीरां को एक झापड़ मारा।*

"उसी ने पता बताया है। बोल पड़ा साला हरामज़ादा। एक ही रात में।"

"वो नहीं बोल सकते। मैं बाबा की क़सम खाती हूँ। वो नहीं बोलेंगे, कभी नहीं बोलेंगे। उन्हें मालूम था, मैं वहाँ पर हूँ, कैसे बोल सकते हैं?"

"तू भी उसके साथ साज़िश में शामिल है। वज़ीर ने अपनी आँखों से देखा है उसे गेस्ट हाऊस में जाते हुए, जहाँ वो डी.सी. वोहरा ठहरा है।"

"हाँ..." वज़ीरा ने हामी भरी।

"मुँह खोल! मुँह खोल!!"

*वीरां ने मुँह खोला तो सनातन ने वीरां के ही दुपट्टे से उसका मुँह बंद कर दिया। और जयमल से कहा।*

"बांध इसे। जितय ने भी यही किया था। बिलकुल यही, वरना सायेनाईड क्यूँ न चबा लिया उसने? मर क्यूँ नहीं गया, पकड़े जाने के पहले? मुझे तुम दोनों पर शक है। और ये भी देख लेना कि वो जेल तक नहीं पहुँच पायेगा।"

*वीरां ये नहीं बता सकती थी कि उसका सायेनाईड कैप्सूल उसने चोरी कर लिया था। इस वक़्त भी उसी के गले में था।*

"डाल दे इसे ऊपर पर्छत्ती पर! मैं बताऊँगा क्या करना है इसका। चल..."

*जयमल वीरां को ऊपर ले गया। वीरां को पकड़ कर ऊपर की पर्छत्ती में डाल दिया। बाहर बरामदे में आकर सनातन ने वज़ीरा को समझाया।*

"कमान्डर को ख़बर पहुँचा दी है। कृपाल का बंदोबस्त हो जायेगा। कल सुबह नौ बजे तक तेरे

पास...कोई ख़बर न पहुँचे तो उड़ा देना इस लड़की को।"

"हूँ..."

"दस बजे पुल पर पहुँचना है। केदारनाथ आ रहा है।"

*जयमल लौट आया...उसने केदारनाथ का नाम सुन लिया।*

"केदारनाथ..?"

"हाँ वही एम.पी. तेरा, मिनिस्टर हो गया है।"

"वो ज़िन्दा है...?"

"उस वक़्त तो बच गया था। इस बार ज़िन्दा नहीं लौटेगा। चल तू आ मेरे साथ।"

*एक फ़िक्रमंद चेहरा लिये, सनातन के साथ साथ जयमल भी चल दिया। और वज़ीरे को छोड़ गये पहरे पर!*

## 60.

*मिनिस्टर केदारनाथ...गुरुद्वारे से निकल रहे थे। चारों तरफ़ पुलिस का ज़बर्दस्त पहरा था। लोग नारे लगा रहे थे। केदारनाथ अपनी कार के पास आये, उस में बैठ गये...और उनका क़ाफ़िला सैक्यूर्टी गाड़ियों के साथ चल पड़... पहाड़ियों से होता हुआ। पहाड़ी रास्तों से नीचे उतरता हुआ।*

*वज़ीरा घर की रखवाली कर रहा था। जहाँ वीरां को बंद कर रखा था। वो बरामदे में बेचैनी से टहल रहा था। और बार बार घड़ी देख रहा था।*

## 61.

सनातन कन्धे पर मिसाइल लिये जंगल में एक झोंपड़ी के पास पहुँचा, और रॉकिट चलाने की तैयारी करने लगा। सामने ही पुल था जहाँ से केदारनाथ गुज़रेगा। उसने अपनी घड़ी देखी सवा नौ बज रहे थे।

## 62.

वज़ीरा ने अपनी घड़ी देखी, सवा नौ बज रहे थे। वो पिस्तौल लेकर ऊपर कमरे की तरफ़ चला गया। थोड़ी देर में दो गोलियाँ चलने की आवाज़ आई...पर्छत्ती से ख़ून के क़तरे बह कर कमरे में गिरने लगे। साथ ही सीढ़ियों से वीरां पिस्तौल लिये उतरी और वहाँ से भाग निकली। उसने वज़ीरा का ख़ून कर दिया था।

## 63.

सनातन ने अपना लांचर तैयार कर लिया। पुल के सामने जयमल भेड़ें ले पहुँचा, जिस पर केदारनाथ आ रहा था। भेड़ें पुल पर चढ़ के रुक गईं...मिन्स्टर साहब का क़ाफ़िला भी रुक गया। जयमल धीरे धीरे केदारनाथ की गाड़ी के पास पहुँच गया–और चिल्लाया।

"ओये केदारनाथ!"

जयमल ने उसे पहचान कर ओढ़े हुए कम्बल से अपनी बंदूक़ निकाल ली। और उस पर अन्धा धुंध गोलियाँ चलाने लगा। लेकिन कार के शीशे

बुलेट प्रूफ़ थे। सैक्यूर्टी वालों ने जयमल पर गोलियाँ चला दीं...और जयमल गोलियों से छलनी हो गया। बिलअख़िर सनातन ने रॉकिट चलाया...केदारनाथ की कार आग का गोला बन कर हवा में उड़ गई। सनातन ऊपर ही ऊपर पहाड़ी रास्ते से भाग गया।

## 64.

सनातन पहाड़ी जंगल के रास्ते भाग रहा था। एक जगह उसे महसूस हुआ...उसके साथ साथ कोई और भी भाग रहा था। जिस के पैरों की आवाज़ उसे सुनायी पड़ रही थी। एक जगह रुक गया...इधर उधर देखने लगा, अपनी पिस्तौल निकाल ली।

"कौन है?...कहाँ हो?..."

जंगल सुनसान था बड़े बड़े चीड़ के पेड़ थे। जब कोई जवाब न आया तो सनातन फिर भागने लगा..वीरां भी नीचे के रास्ते से उसी तरफ़ भाग रही थी। पंजाब की तरफ़! सनातन फिर रुका...कुछ सुनने की कोशिश की। कोई उसके पीछे आ रहा था। सनातन फिर भागने लगा। वीरां उसके पीछे थी। सनातन ने एक जगह महसूस किया कि उसका मफ़लर कहीं गिर गया। वीरां ने उसे देख लिया। वीरां पहचान गई और छुप गई...सनातन वापस लौटा पर उसे कुछ भी नज़र नहीं आया। वीरां ने उसे देख लिया। इस बार निकल कर दूसरी तरफ़ भागने लगी तो देखा। पुलिस वाले ऊपर चढ़ रहे थे। वीरां पहाड़ी के दूसरी तरफ़ से भागी। और पहाड़ी की एक खोह

*में छुप गई...उसके ऊपर सनातन नीचे झाँकने की कोशिश कर रहा था कि, वीरां ने गोली चला दी। जो सनातन के सर पे लगी। वीरां खोह से बाहर आई और जहाँ सनातन गिरा था वहाँ पहुँची। सनातन की कही बात याद आई।*

"मुझे तुम दोनों पर शक है। और ये भी देख लेना कृपाल जेल तक नहीं पहुँच पायेगा।"

*वीरां ने फिर से सनातन पर पिस्तौल तान ली।*

## 65.

*कृपाल जेल में था। जेल में वीरां कृपाल से मिलने आई। पुलिस ऑफ़िसर वोहरा...और जेलर आपास में बातचीत कर रहे थे।*

"जेलर साहब ये लड़की उसकी मंगेतर है।"

"जी..."

"इतना सही है, मैं जानता हूँ...कृपाल सिंह से मिलना चाहती है।"

"हूँ..."

"शायद उसी से कोई राज़ खुले, इस ग्रुप का पता चले।"

"क्या विज़ीटिंग रूम में..."

"विज़ीटिंग रूम में नहीं, कृपाल सिंह को इस हाल में वहाँ लाना ठीक नहीं है।"

## 66.

*वीरां जेल के फाटक पर बैठी थी। वोहरा और जेलर चलते हुए वहाँ तक आये। वोहरा ने कहा।*

"इसकी तलाशी ले लीजिये। ताकि किसी क़िस्म का हथियार वग़ैरा अन्दर न ले जा सके...और वहीं सेल में ही मिल लेने दीजिये।"

*जेलर ने पास खड़ी लेडी हवलदार को हुकुम दिया।*

"इसे बैरक नं 2 में लेके जाओ, बाहर पहरा रहेगा, और सेल का दरवाज़ा खुला रहेगा, गार्ड्ज़ होंगे। अच्छी तरह से तलाशी लेना।"

"यस सर!"

"लेके जाओ..."

"चलो आओ।"

*वीरां...लेडी पुलिस के पीछे पीछे चल पड़ी। और उस सेल के पास पहुँची जहाँ कृपाल बंद था।*

## 67.

*वोहरा एक पुलिस वाले को समझा रहा था कि उन्हें वीरां का पीछा करना होगा और उसके बारे में जानकारी हासिल करनी होगी।*

"सिर्फ़ इतना देख के वापस आ जाना कि वो कहाँ रहती है। किन लोगों के साथ रहती है। लेकिन दूर फ़ासले पर रहना।"

## 68.

*वीरां उस सेल में पहुँची जहाँ कृपाल बंद था। कृपाल की शकल ऐसी हो गई थी जिसे पहचाना नहीं जा सकता था। वीरां कृपाल के गले लगी*

*और फफक फफक के रो पड़ी। कृपाल बेहिस हो चुका था। वीरां ने ख़ुद को संभाला।*

"मुझ से...अब और सहा नहीं जाता। पाली!"

*दोनों ख़ामोश थे...एक दूसरे को देख रहे थे। कुछ सोच कर वीरां ने मुँह में रखा सायेनाईड का कैप्सूल दिखाया। एक हलकी सी मुस्कुराहट आई कृपाल के लबों पर। होंठ बढ़ा कर उसने कैप्सूल अपने मुँह में ले लिया। उसी वक़्त लेडी हवलदार की आवाज़ आई।*

"चलो हो गया टाईम।"

*एक अजीब सा इत्मीनान उतर आया दोनों के चेहरे पर। वीरां ने मुस्कुरा कर देखा, और आहिस्ता आहिस्ता क़दम पीछे खींचने लगी। कृपाल ने भी भरी आँखों से वीरां को देखा... वीरां मुड़ के चली गई। कृपाल धीरे धीरे अपनी जगह पर बैठा और मुँह से वही सायेनाईड का कैप्सूल निकाला, उसको देखा और फिर से मुँह में डाल लिया।*

*पेड़ों की घनी छांव वाली एक सड़क पर एक ट्रक जा रहा था। ट्रक के पीछे वीरां ख़ामोश बैठी थी। वो अब उदास नहीं थी।*

*जेल में कृपाल धीरे से बिस्तर पर लेट गया। उसका चेहरा बिलकुल शांत था।*

*वीरां की आँखें भर आई थीं।*

*कृपाल बिस्तर पर शांत लेटा था...उसके चेहरे पे मुस्कराहट थी। उसने आँखें बंद कर लीं। उसे*

*वो लम्हा याद आ गया, जब चारों दोस्त जंगल से गुज़रते हुए गा रहे थे।*
*छोड़ आये हम वो गलियाँ...*

*लहू की एक लकीर उसके होंठों के तले से बह गई।*

*ट्रक चल रहा था। वीरां की आँखें बंद थीं। पेड़ों की धूप छाँव उसके चेहरे से खेल रही थी। नाक से ख़ून की एक लकीर बह रही थी।*

**समाप्त**

# माचिस

## नामावली

**निर्माता** : आर.वी. पंडित
**निर्देशन** : गुलज़ार
**नृत्य निर्देशन** : सलीम आरिफ़
**गीत** : गुलज़ार
**संगीत** : विशाल भारद्वाज
**कहानी, स्क्रीनप्ले** : गुलज़ार
**एक्शन** : अमीन गनी
**एडीटर** : एम रवि, सदानन शेट्टी
**प्रोडक्शन कंट्रोलर** : सुदेश स्याल
**आर्ट निर्देशन** : नितिन देसाई
**कैमरा निर्देशन** : मनमोहन सिंह
**सितारे** : तब्बू, चंद्रचूड़ सिंह, ओम पुरी इत्यादि।

●●●